A Mr Georges Perrot.
Membre de l'Institut
Hommage respectueux de l'auteur
G. Pawlowski

LES TRAVAUX BIBLIOGRAPHIQUES

DE 1867 A 1878

CONGRÈS BIBLIOGRAPHIQUE INTERNATIONAL

TENU A PARIS DU 1er AU 4 JUILLET 1878

SOUS LES AUSPICES DE LA SOCIÉTÉ BIBLIOGRAPHIQUE

LES

TRAVAUX BIBLIOGRAPHIQUES

DE 1867 A 1878

PAR

Gustave PAWLOWSKI

OFFICIER D'ACADÉMIE, LAURÉAT DE L'INSTITUT,
CONSERVATEUR DE LA BIBLIOTHÈQUE A. FIRMIN-DIDOT.

PARIS

AU SIÈGE DE LA SOCIÉTÉ BIBLIOGRAPHIQUE

35, RUE DE GRENELLE, 35

1879

LES TRAVAUX BIBLIOGRAPHIQUES

DE 1867 A 1878

Les débuts de la science bibliographique remontent sans doute à une époque reculée et doivent coïncider avec le moment où l'agglomération, dans une même bibliothèque, d'un nombre considérable d'ouvrages écrits, imposa la nécessité d'un classement méthodique et la rédaction d'un inventaire. Il est clair que les célèbres bibliothèques publiques de l'antiquité, dont l'histoire nous a conservé le souvenir, ne pouvaient rendre des services réels qu'à cette condition.

Pour rentrer dans le domaine des faits acquis, nous constaterons que la bibliographie a précédé l'invention de l'imprimerie, comme le prouve, entre autres, le catalogue des manuscrits de la bibliothèque de Saint-Emmeran à Ratisbonne, dressé en 1347 (voir *Serapeum*, 1841, n°ˢ 16-18), dans un ordre systématique, divisé en douze classes : c'est le premier système bibliographique connu.

L'acception du mot *bibliographe* a varié dans le courant des siècles. Dans l'antiquité, il désignait un copiste de manuscrits, et c'est dans ce sens que sa signification est la plus conforme à son étymologie (celui qui *écrit* des livres). Depuis l'invention de l'imprimerie, on donnait quelquefois le nom de bibliographe aux imprimeurs ; plus tard, il s'appliquait aux personnes habiles à déchiffrer les vieilles écritures, et correspondait à celui de *paléographe*. Ce n'est qu'au milieu du siècle dernier que son acception a été fixée en France dans le sens qu'il a conservé depuis, et qui serait peut-être mieux rendu par le mot *bibliodiagraphe* (celui qui *décrit* les livres).

La propagation rapide des livres par l'invention de l'imprimerie donna naissance, dès le XVIᵉ siècle, à des travaux bibliographiques, et le nombre toujours croissant d'ouvrages imprimés fit aux bibliographes l'obligation de créer une classification systématique. L'esprit analytique de nos devanciers s'est largement exercé sur ce terrain, au point qu'à l'heure actuelle on connaît près de cent cinquante systèmes bibliographiques différents (au point de vue des grandes divisions, bien entendu, les subdivisions d'une classe pouvant être modifiées ou multipliées suivant l'opportunité), systèmes dont certains ne sont que l'application des divisions des connaissances humaines proposées par des philosophes.

A partir du siècle dernier, la bibliographie a pris un développement considérable, et, de nos jours, elle occupe une place très large dans l'ensemble des travaux intellectuels, et cela à bon droit. Pour le travailleur qui s'aventure dans le labyrinthe des livres que les presses gémissantes depuis plusieurs siècles ont amoncelés autour de nous, et dont les sinuosités se compliquent de plus en plus, le secours de la bibliographie est aussi indispensable que la boussole au navigateur ou le guide à celui qui veut voyager utilement et sans déceptions. Qu'il nous soit permis ici de rendre un hommage de reconnaissance, au nom de tous ceux qui labourent péniblement le sol intellectuel, aux bibliographes de tous les siècles et de tous les pays, à ces modestes et infatigables pionniers qui défrichent le champ que d'autres viennent exploiter, et qui consacrent souvent leur vie à cette tâche aride et ingrate, pour épargner aux érudits de longues et laborieuses recherches, sans ambitionner pour eux-mêmes ni la gloire d'un nom retentissant, ni les approbations bruyantes de la foule. Et cependant, l'histoire le démontre, il n'y a que des intelligences d'élite qui parviennent à marquer sérieusement dans ce domaine. Il faut, en effet, avoir un feu sacré, une vocation réelle, des connaissances multiples, et surtout un tempérament particulier pour devenir un bibliographe de mérite. Ceux qui croient que cette science consiste à savoir copier convenablement les titres des livres et à les grouper au besoin dans un ordre donné, ne se rendent pas un compte exact de l'idéal bibliographique à l'heure actuelle.

Le rapport sur les travaux bibliographiques que je suis chargé de présenter au Congrès, remonte en général à l'année qui a suivi la grande exposition internationale de Paris de 1867, et qui est aussi celle de la fondation de la Société bibliographique, au nom de laquelle je prends la parole. J'ajoute que ce moment coïncide presque avec le décès du plus grand bibliographe de notre siècle, de l'éminent Jacques-Charles Brunet (mort le 14 novembre 1867), auteur du *Manuel du libraire et de l'amateur des livres*, ouvrage le plus célèbre, le plus considérable et le plus utile entre tous, véritable monument de bibliographie, et d'autant plus surprenant qu'il est l'œuvre d'un seul homme.

Le sujet qui nous occupe n'a point été abordé dans le recueil de rapports sur les progrès des lettres et des sciences en France, rédigés sous les auspices du ministère de l'instruction publique, à l'occasion de l'exposition de 1867. Ce rapport sera donc le premier en ce genre et il embrassera les travaux les plus importants du monde entier. Il a pour devancier un ouvrage extrêmement remarquable, dû au savant docteur Julius Petzholdt, bibliothécaire du roi de Saxe, et le doyen des bibliographes contemporains. Ce précieux volume, intitulé *Bibliotheca biblio-graphica* (Leipzig, 1866 ; gr. in-8°, XII-939 pp.) offre un catalogue méthodique et raisonné d'ouvrages de bio-bibliographie et de bibliographie pure publiés depuis l'invention de l'imprimerie jusqu'en 1865.

Je commencerai par passer d'abord en revue les bibliographies nationales ou spéciales, dont la périodicité n'excède pas une année.

A

BIBLIOGRAPHIES PÉRIODIQUES CONTEMPORAINES.

I

BIBLIOGRAPHIES PÉRIODIQUES UNIVERSELLES.

Allgemeine Bibliographie. Leipzig, F. A. Brockhaus. In-8°.
Publication mensuelle, rédigée avec beaucoup de soin (actuellement par le Dr Édouard Brockhaus), dans un ordre systématique, avec une table alphabétique annuelle. C'est la seule bibliographie périodique universelle qui existe actuellement hors de France ; elle remonte à 1856. Elle est jointe, en guise de complément, au *Neuer Anzeiger für Bibliographie und Bibliothekwissenschaft*, recueil mensuel habilement dirigé par le Dr J. Petzholdt (Dresden, Schönfeld ; in-8°), spécialiste distingué dont nous avons déjà parlé ; cette petite revue, unique en son genre, offre, entre autres, un catalogue raisonné, aussi complet que possible, de ce qui se publie en fait de travaux de bibliographie, de bibliologie, de bibliothéconomie, etc., sans exclure même les catalogues de livres d'occasion dont l'utilité pour les bibliographes est considérable. Cette précieuse revue compte déjà trente-huit ans d'existence (depuis 1840). Je crois

devoir mentionner aussi deux revues étrangères, de date récente, contenant, entre autres, des listes raisonnées de travaux de bibliographie et de bibliothèconomie. L'une, en langue hollandaise, intitulée : *Bibliographische Adversaria* ('s Gravenhage, M. Nijhoff ; pet. in-8°), commencée en 1873, et paraissant par fascicules environ tous les deux mois ; l'autre : *The American Library Journal*, paraissant par fascicules mensuels, depuis le 30 septembre 1876, sous la direction de Melvil Dewey (New-York, Leypoldt ; in-4°), et fondée principalement pour servir d'organe aux bibliothèques des Etats-Unis. Elles offrent beaucoup d'intérêt l'une et l'autre.

Polybiblion. Revue bibliographique universelle (partie technique). Notre revue, qui contient deux fois autant d'indications bibliographiques que l'*Allgemeine Bibliographie*, sans en exclure toutefois la grande utilité, lui est encore supérieure par ses *sommaires* des revues françaises et étrangères, etc. Elle s'efforce de réaliser des améliorations progressives, et compte arriver prochainement à mériter sans conteste le titre de bibliographie *universelle*.

II

BIBLIOGRAPHIES PÉRIODIQUES NATIONALES.

Les moyens d'information sur les productions contemporaines des presses du monde entier sont aujourd'hui très abondants, sans être satisfaisants sous tous les rapports. Sauf de rares exceptions, chaque pays possède au moins un organe spécial consacré à enregistrer périodiquement, avec plus ou moins de perfection et de soin, les livres, cartes, estampes, musique, etc., qui paraissent sur son territoire. Nous avons déjà traité cette question il y a plusieurs années, dans deux articles insérés dans le *Polybiblion* (1870, pp. 214-217 et 271-273) et publiés aussi à part (*Les Bibliographies nationales contemporaines. Petit guide de bibliographie périodique à l'usage des gens de lettres* ; Paris, aux bureaux du Polybiblion, 1870 ; in-8°, de 10 pp. ; tiré à 60 ex.). On y trouvera non seulement une liste raisonnée des bibliographies nationales qui paraissaient à cette date, mais aussi des renseignements sur des publications semblables publiées antérieurement, dont nous omettons ici l'indication, nous bornant aux limites fixées pour notre Congrès.

1. — Allemagne et Suisse allemande.

Allgemeine Bibliographie für Deutschland. Leipzig, Hinrichs. In-8°.

Paraît depuis 1842. Hebdomadaire, classée d'abord par ordre alphabétique des noms d'auteurs, et, depuis 1871, dans l'ordre systématique. Rédigée avec un soin particulier, elle peut servir de modèle de précision et d'exactitude bibliographiques.

La librairie Hinrichs publie aussi (depuis 1846) un catalogue trimestriel (*Vierteljahrs-Catalog*) des publications contemporaines en langue allemande, par ordre systématique, avec une table alphabétique, et (depuis 1856) un catalogue semestriel (*Verzeichniss,* etc.), par ordre alphabétique, avec une table systématique, catalogue qui est la continuation d'une bibliographie semestrielle commencée en 1798; il donne en appendice une bibliographie des principales publications en langue hollandaise.

On peut joindre à l'*Allgemeine Bibliographie,* au point de vue des renseignements plus rapides et plus circonstanciés sur les livres allemands paraissant dans l'Amérique du Nord, la revue mensuelle *(Literarischer Monatsbericht)* publiée par Steiger à New-York, depuis le mois de mai 1869.

2. — Amérique, Australie, Indes et Orient.

Trübner's American and Oriental Literary Record. London, Trübner. In-4".

Paraît depuis mars 1865. Mensuel. Contient : un compte-rendu bibliographique et littéraire des principales publications, et quelquefois des articles spéciaux de littérature et de bibliographie; un sommaire des revues et publications périodiques de l'Amérique anglaise; une liste, par ordre alphabétique des noms d'auteurs, des nouvelles publications de l'Amérique anglaise, de l'Amérique latine, de l'Australie, des Iles de l'Océan, des Indes et de l'Orient entier, chaque pays séparément. Sans table systématique et annuelle. Ce précieux bulletin, unique en son genre, donne aussi très souvent des renseignements de bibliographie rétrospective.

The Publishers' Weekly. The American Book Trade Journal. New-York, F. Leypoldt. Gr. in-8°.

Hebdomadaire. Il contient : un bulletin bibliographique

pour les publications anglaises de l'Amérique, un autre pour celles de la Grande-Bretagne, une chronique bibliographique et littéraire, etc. C'est l'organe officiel de la librairie américaine. Sa rédaction mérite de grands éloges. Il a absorbé en lui l'*American Literary Gazette* et le *Publishers' Circular*, fondé en 1852. Commencé en septembre 1869, sous ce titre : *The Trade Circular and Publishers' Bulletin*, il est devenu hebdomadaire, de mensuel qu'il était, en 1872, et prit alors cet autre titre : *The Publishers' and Stationers' Weekly Trade Circular*, qu'il abandonna en 1871.

Le même éditeur publie aussi un catalogue annuel de publications américaines.

The American Bookseller. New-York, The American News Company. In-8°.

Paraît deux fois par mois depuis janvier 1876, date à laquelle il a remplacé le recueil mensuel : *The American Booksellers' Guide*, fondé en 1869 par la même Compagnie. Il complète utilement le *Publishers' Weekly*, car, en dehors de la bibliographie courante, il donne une liste méthodique, mensuelle, de tous les articles insérés dans les revues, publications des sociétés savantes et autres recueils des États-Unis, de l'Angleterre, et, incidemment de ceux des autres pays.

Catholic Book News at home and abroad. New-York, Benziger. Pet. in-8°.

Paraît tous les deux mois depuis janvier 1874, mais s'adresse plutôt aux libraires qu'aux bibliographes.

3. — Amérique du Sud.

Boletin bibliográfico de la libreria franco-americana. Buenos Aires. Pet. in-4°.

Ce recueil hebdomadaire, classé par ordre systématique, et rédigé avec peu de précision bibliographique, a été inauguré en 1870. Nous ignorons s'il continue à paraître, de sorte que pour les renseignements sur les publications faites dans l'Amérique du Sud c'est encore à l'*American Record* de Trübner et aux revues locales qu'il faut recourir.

4. — Angleterre.

The Publishers' Circular. London, Sampson Low. In-8°.

Paraît depuis 1837, deux fois par mois. Classé par ordre alphabétique. Il donne une chronique de librairie, une petite bibliographie étrangère et des annonces. Il est préféré au *Bookseller* au point de vue bibliographique.

Le même éditeur publie aussi un catalogue annuel qui, depuis 1837, a plusieurs fois modifié son titre.

The Bookseller. London, J. Whitaker. In-8°.

Paraît depuis 1858. Mensuel, classé par ordre systématique, ce qui le distingue du bulletin précédent, avec une table alphabétique pour chaque numéro. On y trouve une chronique de librairie très étendue, etc.

5. — Autriche.

Oesterreichische Buchhändler-Correspondenz. Wien, Buchhändler Verein. In–4°.

Paraît depuis 1860. Hebdomadaire. C'est l'organe de l'Association des libraires autrichiens. La bibliographie y est partagée en deux grandes classes, dont l'une comprend les livres en allemand, en latin, en français et en italien publiés en Autriche, et l'autre, les livres en langues slaves : le tout classé par ordre alphabétique des noms des éditeurs. Une rubrique spéciale est réservée aux estampes, aux cartes et à la musique. Depuis 1872 on y joint, tous les six mois, un index alphabétique pour chacune de ces sections, index qui ne peut nullement tenir lieu de l'excellent catalogue annuel (*Oesterreichischer Catalog*), alphabétique et systématique, inauguré en 1860 par le même Cercle de librairie, et mort d'inanition, paraît-il, après onze années d'existence.

6. — Belgique.

Bibliographie de la Belgique, ou catalogue de l'imprimerie et de la librairie belge. Bruxelles, Muquardt. Gr. in-8°.

Commencée en 1838, interrompue de 1869 à 1874, cette bibliographie mensuelle a été ressuscitée en 1875 (3° série ; 32° année de la collection). Elle est classée par ordre alphabétique, et pourvue d'une table alphabétique et systématique à la fin de l'année. On y ajoute maintenant un feuilleton de bibliographie belge rétrospective.

7. — Bohême.

Véstnik bibliograficky. Prague, Kobér (puis Urbanek). In-8°.

Ce bulletin mensuel, dont la partie bibliographique est rédigée par le savant libraire Fr.-A. Urbanek, remonte au mois de juillet 1869. Il donne non-seulement l'indication, par ordre alphabétique, des ouvrages publiés en langues tchèque et slovène, mais aussi la bibliographie des publications en langues étrangères sur la Bohême, la Moravie et la Silésie autrichienne. Une chronique littéraire riche en renseignements, et une partie critique ajoutée depuis 1873, complètent cette feuille excellente à tous égards.

Le même bibliographe, qui a rédigé pendant plusieurs années la partie bibliographique tchèque-slovène dans le catalogue annuel autrichien (voir ci-dessus), publie, depuis 1869 (1870) un catalogue annuel, alphabétique et systématique, consacré aux mêmes littératures (*Obraz cinnosti v literatur[z]e národu ceského a slovenského*).

8. — Danemark et Norvège.

Dansk bogfortegnelse. Kjöbenhavn (Copenhague), G. E. C. Gad, Pet. in-8°.

Paraît depuis 1851, presque tous les mois, et forme huit à dix numéros par an. Classé par ordre alphabétique des noms d'auteurs, avec une table générale annuelle. La liste des ouvrages publiés en Norvège constitue un appendice spécial et annuel.

Dansk Boghandlertidende. Kjöbenhavn, Guldendal. In-4°.

Paraît depuis 1854. Hebdomadaire, classé par ordre systématique. C'est l'organe de la librairie danoise. On y trouve aussi un bulletin bibliographique des principales publications en suédois et en finlandais.

9. — Espagne.

Boletin de la libreria. Madrid, Murillo. Gr. in-8°.

Paraît depuis juillet 1873. Mensuel, classé par ordre alphabétique. Il a succédé à la *Bibliografia española*, publiée depuis 1870 par une société des libraires et éditeurs de Madrid, bibliographie qui a remplacé le *Boletin bibliográfico español*, rédigé par M. F. Hidalgo depuis 1860.

10. — France.

Bibliographie de la France. Journal général de l'imprimerie et de la librairie. Paris, au Cercle de la librairie. Gr. in-8°.

Paraît depuis 1811, une fois par semaine. Classée par ordre alphabétique des noms d'auteurs, avec trois tables annuelles : l'une alphabétique des ouvrages, une autre, alphabétique, des noms d'auteurs, et une troisième, celle-ci systématique. Depuis 1857 elle a agrandi son format et ajouté une chronique contenant : des comptes-rendus des procès de librairie, des règlements de librairie et des conventions littéraires, des comptes-rendus bibliographiques, des notices nécrologiques, un sommaire des comptes-rendus bibliographiques publiés dans les journaux, des annonces des ventes de bibliothèques, de temps en temps une petite bibliographie étrangère et la liste des ouvrages publiés à l'étranger et dont le dépôt a été effectué au ministère (avec une table annuelle). La table systématique annuelle, supprimée à cette date, ne fut rétablie qu'en 1865, de sorte que la série de 1857 à 1864 est d'une utilité fort restreinte pour les travailleurs. Chaque numéro contient aussi un *Feuilleton*, consacré aux annonces de librairie.

Puisque l'occasion m'en est fournie, je la saisis avec empressement pour signaler les améliorations qu'il serait urgent d'apporter à la rédaction de ce journal, le plus important entre tous en raison de son cadre excellent, mais qui ne répond plus aux exigences actuelles en matière de bibliographie. J'ose espérer que notre Cercle de la librairie voudra examiner attentivement mes observations et qu'il en tiendra compte autant dans son intérêt que dans celui de la science.

Ma première objection porte sur le système de classement suivi dans ce journal. L'ordre alphabétique, dans une bibliographie périodique, ne répond à aucun besoin, et s'il offre peu d'inconvénients dans une bibliographie danoise ou hollandaise qui compte une cinquantaine d'articles par numéro, il n'en est pas de même pour la *Bibliographie de la France* où les articles se chiffrent par centaines dans chaque numéro. Dans un ouvrage de bibliographie *rétrospective*, l'ordre alphabétique peut avoir sa raison d'être, attendu qu'en s'en servant on procède souvent *du connu à l'inconnu ;* une table systématique répondra dans ce cas à un autre ordre d'investigations. C'est tout autre chose dans un bulletin de bibliographie *courante*, où l'on procède toujours de l'*inconnu au connu*. J'imagine que personne aujourd'hui n'ouvre un épais numéro de l'organe du Cercle de la librairie pour chercher si M. X ou Z a publié quelque chose de nouveau, mais bien pour se renseigner sur les nouvelles publications dans telle ou telle branche des connaissances humaines. La spécialisation des études à l'heure actuelle, et aussi la spécialisation introduite dans le commerce des livres indiquent suffisamment les préoccupations auxquelles un journal de bibliographie sérieux a le devoir de donner satisfaction. Si je m'occupe, par exemple, exclusivement de l'*Économie politique*, dans le domaine de laquelle il paraît en France deux ou trois ouvrages par semaine, je suis obligé, pour trouver ce qui m'intéresse, de parcourir deux cent cinquante ou trois cents articles du numéro hebdomadaire de la *Bibliographie de la France*, ce qui est passablement fastidieux. Il en est de même de toute autre spécialité. Un libraire qui vend exclusivement des ouvrages d'histoire ou de sciences exactes, est obligé aujourd'hui de s'imposer cette sorte de recherche d'une aiguille dans une botte de foin, s'il veut se tenir au courant des nouveautés. Cet inconvénient est tellement grave, que dans les deux pays où la production des livres est aussi considérable que chez nous, c'est-à-dire en Angleterre et en Allemagne, les bibliographies périodiques sont classées dans l'ordre systématique : le *Bookseller* a toujours suivi cette méthode, et l'*Allgemeine Bibliographie für Deutschland* a introduit cette réforme à son système primitif en 1871. *La Bibliographie de la France* a le devoir d'en faire autant; le sacrifice ne serait pas grand, et l'utilité en serait considérable. Pour répondre à tous les besoins, il suffirait de joindre à chaque numéro un index alphabétique très sommaire, comme le fait le *Bookseller*.

La seconde observation est relative aux retards considérables qu'apporte la *Bibliographie de la France* à annoncer les publications faites en province. Je sais que cela résulte de notre système vicieux du dépôt légal des livres, système dont on ne cesse de se plaindre, mais qui a la vie bien dure. Tous ceux qui s'occupent de livres savent que l'organe de notre Cercle de la librairie publie sa partie bibliographique à l'aide des renseignements officiels fournis par le ministère de l'intérieur; personne n'ignore aussi que le dépôt des livres imprimés en province se fait au chef-lieu du département, d'où les articles déposés sont expédiés au ministère selon le bon plaisir de messieurs les employés de préfecture ; bon nombre de ses articles n'arrivent même point à leur destination, de telle sorte que la *Bibliographie de la France* est réduite, d'un côté, à n'enregistrer les publications provinciales que plusieurs mois après la date de leur dépôt; et, de l'autre, à ne faire aucune mention de celles qui s'égarent dans les circuits des préfectures. Il est clair que ces retards et ces omissions sont fort préjudiciables à la science, aux auteurs de ces écrits, aux éditeurs ou aux libraires chargés de leur vente : le Cercle de la librairie ne doit point l'ignorer, mais il ne semble pas avoir songé à y porter remède. Ce remède serait pourtant bien simple. Pourquoi ne pas recourir directement aux éditeurs ou aux dépositaires pour avoir rapidement des renseignements sur la production des livres en province, que les uns et les autres ont tout intérêt à faire connaître sans retard? Quoi de plus facile que d'adresser aux éditeurs et aux imprimeurs de la province des formulaires où il n'y aurait qu'à inscrire les renseignements bibliographiques demandés et à les envoyer au Cercle de la librairie le jour même où le dépôt du livre serait effectué? Les indications fournies par le ministère de l'intérieur ne serviraient alors qu'à réparer les oublis et les négligences des personnes intéressées. Je suis même d'avis qu'il serait utile d'étendre ce système aux éditeurs de Paris, ne fût-ce que pour éviter ces discordances choquantes de voir constamment annoncés dans le feuilleton de l'organe du Cercle de la librairie un grand nombre d'ouvrages bien avant leur indication dans la partie bibliographique du journal, qui quelquefois n'a même point lieu, on ne sait pas pour quel motif. Le système que j'ai l'honneur de proposer est pratiqué à l'étranger partout où le dépôt légal n'existe pas, et les bibliographies périodiques n'en sont que mieux faites. Nous seuls avons, en toute chose, l'habitude de tout attendre de l'initiative gouvernementale, oubliant que l'initiative privée est en général bien plus féconde.

Je passe maintenant à une dernière observation concernant la rédaction elle-même des renseignements bibliographiques donnés par la *Bibliographie de la France.* Ici, les principaux intéressés ce sont les bibliographes d'aujourd'hui et ceux de l'avenir, mais il me semble que l'intérêt de la science mérite aussi d'être pris en considération. Je passe sous silence les transcriptions des titres souvent incomplètes, et j'insiste surtout sur deux points : le premier est relatif à l'omission de la date de publication que portent les volumes ; le second touche à l'habitude prise d'indiquer en bloc le nombre de pages des ouvrages composés de plus d'un volume. Trois cas se présentent en ce qui concerne le premier point : l'ouvrage porte la date réelle de l'année de sa publication, ou bien il porte la date de l'année suivante, lorsqu'il paraît vers la fin d'une année, ou enfin il n'en porte aucune, et l'on aurait le droit de qualifier d'un mot sévère ce petit subterfuge ayant pour but de pouvoir présenter avec l'attrait de la nouveauté des livres ayant déjà quelques printemps d'existence.

Voyons maintenant à quoi l'omission du millésime d'un livre dans la *Bibliographie de la France* expose les bibliographes. Prenons par exemple un ouvrage annoncé dans un numéro du mois de décembre 1877, et qui ne porterait pas de date. En faisant le dépouillement de ce numéro pour un travail bibliographique quelconque (car il n'est pas toujours facile de recourir au livre même), l'un, ne tenant compte que de l'année dans laquelle l'annonce est faite, lui appliquera cette date (1877); un autre, sachant qu'en général les ouvrages publiés depuis le mois d'octobre portent la date de l'année suivante, l'inscrira avec celle de 1878; un troisième enfin, qui aura vu le livre, l'indiquera comme étant sans date. Quelqu'un se trouvant en présence de ces trois indications aura le droit de croire à l'existence de trois éditions, tandis qu'en réalité il n'y en aurait qu'une. Une longue pratique m'a permis de constater la fréquence de ces méprises. Et pourtant rien n'est plus facile à celui qui copie les titres pour la *Bibliographie* qui nous occupe que d'indiquer aussi la date que porte le volume, ou de la remplacer par l'abréviation : *s. d.*, s'il n'en porte aucune. Cette précision vaudrait encore mieux, en n'exposant pas à des omissions involontaires, que le système pratiqué par certaines bibliographies périodiques de n'indiquer la date que lorsqu'elle n'est pas celle de l'année courante. J'ajoute que la bibliographie allemande a l'excellente habitude de désigner par une mention spéciale tout ouvrage déjà en circulation et qui a été rafraîchi au moyen d'un titre portant le millésime courant, ce qui a lieu journellement chez nous.

En ce qui concerne l'habitude introduite dans la *Bibliographie de la France* d'indiquer en bloc le nombre de pages des ouvrages composés de plus d'un volume, elle est très malheureuse et ne fait nullement honneur à la perspicacité bibliographique de son inventeur. On chercherait vainement à en deviner le motif : ce n'est point par raison d'économie de frais d'impression et de place dans un journal où les articles finissent constamment par des bouts de lignes; ce n'est pas non plus comme moyen de simplification du travail pour le rédacteur, puisque, au contraire, l'obligation qu'on s'impose inutilement d'additionner le nombre des pages de plusieurs volumes (et très souvent ces additions sont inexactes), crée un surcroît de besogne. Cette singulière méthode n'est pratiquée que dans les bibliographies anglaises (les Américains l'ont rejetée), mais les Anglais n'ont nullement aujourd'hui la prétention de passer pour des bibliographes modèles, contrairement à leurs devanciers sur ce terrain, sauf de rares exceptions. La précision dans l'indication du nombre de pages n'a nullement pour but de nous faire connaître l'étendue d'un ouvrage, où l'à-peu-près serait suffisant, mais de nous renseigner exactement sur la composition individuelle de chaque volume. Dans la pratique cela sert au besoin à savoir jusqu'à quel point un volume est incomplet et ce qui lui manque, et aussi à nous rendre compte, par exemple, sur le vu d'une annonce bibliographique, de l'étendue des augmentations introduites dans une édition *augmentée* de tel ou tel livre. La méthode suivie à cet égard dans l'organe du Cercle de la librairie est absolument fautive : il nous séra toujours indifférent de savoir que tel ou tel ouvrage en dix volumes a 3,800 pages en chiffres ronds ou 3,862 pages, puisqu'il nous sera impossible, en cas de besoin, de décomposer ce chiffre de façon à connaître l'étendue respective de chaque volume, ce qu'on appelle le *collationnement* exact. En maintenant son système actuel, la *Bibliographie de la France* s'interdirait l'avantage considérable de constituer des matériaux parfaits pour les travaux bibliographiques de l'avenir.

Je crois devoir ajouter aussi qu'en ce qui concerne le côté technique de la rédaction des articles, une grande licence règne encore dans les bibliographies périodiques. Il n'y a que la *Bibliografia italiana* qui suive un ordre rigoureusement rationnel. On ne paraît pas faire attention que la description d'un livre se compose de deux parties bien distinctes : l'une, qui doit offrir la transcription complète du titre, et c'est l'œuvre du *copiste;* l'autre, qui doit fournir toutes les indications du format, du nombre des pages, du prix, etc., etc., et c'est l'œuvre du *bibliographe.* La seconde doit suivre la première, sans aucun enchevêtrement, et, comme elle constitue une phrase indépendante, elle doit être précédée d'un point. En un mot, ce n'est qu'après la copie du titre, jusques et y compris la date, que doit venir l'indication du format, etc., c'est-à-dire ce qui est du bibliographe lui-même.

Toutes ces améliorations ne sauraient être obtenues sans quelques sacrifices, mais il nous est permis d'espérer, leur nécessité absolue une fois démontrée, que le Cercle de la librairie, qui dispose de moyens d'action très puissants, s'empressera de les exécuter.

M. Ch. Reinwald, libraire à Paris, a publié, pour les années 1858 à 1869, un *Catalogue annuel,* alphabétique, avec une table systématique, catalogue destiné exclusivement aux libraires, attendu qu'on n'y trouve insérés que les titres des livres qui sont entrés dans le commerce. Le collationnement n'y est pas indiqué non plus. Après une lacune de six années, un autre libraire parisien et bibliographe consciencieux, M. Otto Lorenz, a exprimé l'intention de reprendre cette publication, mais après avoir publié le catalogue pour l'année 1876, il n'a pas cru devoir aller plus loin, faute d'acheteurs, paraît-il, ce qui ne semble nullement consolant pour l'avenir des travaux bibliographiques en France.

11. — Grèce.

Ἐφήμερις τῶν Βιβλιοφίλων. Athènes, N. B. Nakis. In-4°.

Ce bulletin, créé en avril 1871, dans le format in-8°, avec la périodicité mensuelle, fut suspendu pendant quelque temps, et a reparu en septembre 1874, dans un format agrandi, avec la périodicité hebdomadaire. Il est rédigé avec soin. Il a succédé au bulletin mensuel : Μηνιαῖον Δέλτιον τῆς Ἑλληνικῆς Βιβλιοπωλεσίας (Athènes, Wilberg), fondé en 1862.

12. — Hollande.

Nederlandsche Bibliographie. La Haye, M. Nijhoff. Pet. in-8°.

Paraît depuis 1856, une ou deux fois par mois (12 à 16 numéros par an), par ordre alphabétique, avec un index et une liste annuelle des périodiques, mais sans chronique ni feuilleton.

Depuis 1846, la librairie Brinkman, d'Amsterdam, publie un catalogue annuel (*Alphabetische Naamlijst van Boeken,* etc.), alphabétique, mais pourvu d'une table méthodique. Une liste annuelle des principales publications en langue hollandaise est jointe, comme nous l'avons dit, au catalogue semestriel allemand de Hinrichs (voir plus haut.)

13. — Hongrie.

Magyar Könyv-szemle (Revue bibliographique hongroise). Budapest. Gr. in-8°.

Cette revue, fondée par l'Académie nationale, et dirigée par l'académicien Wilh. Fraknoi, paraît depuis 1876, tous les deux mois, et a pour but principal de servir d'organe aux bibliothèques de la Hongrie. Une rubrique spéciale y est réservée à la bibliographie courante de livres publiés en Hongrie ou sur ce pays. — Voir aussi **Autriche.**

Plusïeurs bulletins de bibliographie périodique qui ont vu le jour en Hongrie depuis 1867, tels que *Magyar Könyvészet* (depuis 1869), rédigé par J. Szinnyi ; *Irodalmi értesitö. Könyvészeti Szaklap* (depuis 1874), dirigé par A. Marki ; etc., etc., n'ont joui que d'une courte existence.

14. — Italie.

Bibliografia italiana. Giornale dell' Associazione Tipografico-Libraria Italiana. Milano, tip. Bernardoni. Rédacteur (en 1878) : Giov. Ponzoni. Gr. in-8°.

Fondée en 1867, sous le titre de *Bibliografia d'Italia*, par les libraires Bocca et Lœscher, à Florence, cette bibliographie devint en 1870 l'organe de l'Association des libraires et imprimeurs italiens, et prit le titre qu'elle porte maintenant. Elle paraît deux fois par mois. Calquée sur la *Bibliographie de la France*, elle offre à peu près la même disposition pour la partie bibliographique, et contient une chronique (depuis 1870), ainsi qu'un feuilleton d'annonces.

La même Association publie aussi tous les deux mois un catalogue systématique des principales publications italiennes (*Catalogo bimestrale della Libreria italiana*).

Norvège. Voir **Danemark.**

Orient. Voir **Amérique.**

15. — Pologne.

Przeglad krytyczny (Revue critique). Krakow, Gebethner. Gr. in-8°.

Cette revue mensuelle, fondée en 1875 et rédigée par des professeurs de l'Université de Cracovie, contenait dans chaque numéro une liste alphabétique des principales publications en langue polonaise. Elle n'a duré que trois ans et aujourd'hui il n'existe aucun organe spécial pour la bibliographie de ce pays. La *Bibliothèque de Varsovie* (*Biblioteka Warszawska*) donne, comme par le passé, une bibliographie des livres publiés dans le royaume de Pologne ; ceux du Grand-Duché de Posen se trouvent indiqués dans les revues locales ; ceux de la Gallicie, dans la bibliographie autrichienne (voir plus haut).

On annonce toutefois la publication prochaine d'une feuille de bibliographie polonaise (*Przewodnik bibliograficzny*), comme devant paraître à Cracovie sous la direction du D' Wisloçki, secrétaire de l'Université.

16. — Portugal.

Boletim de bibliographia portugueza. Lisboa. In 8º.
Rédigé par Annibal Fernandes Thomaz. Mensuel. Paraît depuis peu de temps. Il laisse beaucoup à désirer.

Le *Boletim bibliographico*, inauguré en 1862, par la librairie Moré à Porto, a cessé de paraître vers 1875.

17. — Russie.

Oukazatiel pa diélam pietcháti (Indicateur de la Presse). Saint-Pétersbourg. In-4º.

Ce bulletin bimensuel paraît depuis 1872, sous les auspices du ministère de l'intérieur ; c'est aussi en même temps l'organe de la censure officielle pour les publications étrangères, et, sous ce rapport, il offre une curiosité unique en son genre, et de précieux documents pour l'histoire de la civilisation. Les livres de cette dernière catégorie y sont répartis en trois classes : livres dont la circulation est autorisée sur le territoire de l'empire russe ; livres autorisés après suppression des passages condamnés, suppression qui est faite à l'encre typographique, au moyen d'un rouleau, par les soins du bureau de la censure ; livres dont la circulation est absolument interdite. Les publications faites dans les limites de l'empire y sont enregistrées sans distinction de langue, et avec une insigne négligence.

Journal Ministiérstva narodnavo prosviestchéniia (Journal du ministère de l'instruction publique). Saint-Pétersbourg. In-8º.

Cette importante revue mensuelle donne, dans chaque numéro, une bibliographie méthodique des publications russes, rédigée avec beaucoup de soin.

18. — Serbo-Croatie.

Cetvrtgodisnji viestnî o novostî hrvatsko-srpske literature (Bulletin trimestriel des nouveautés de la littérature serbo-croate). Zagreb (Agram), Fr. Zupan (Albrecht et Fiedler). Petit in-8º.

Paraît depuis le mois de janvier 1877. Ordre alphabétique. On y trouve aussi la liste des publications en langues étrangères relatives aux pays slaves.

Antérieurement à ce bulletin, une bibliographie annuelle serbo-croate était donnée par Stoïan Novakovitch, depuis 1868, dans la revue *Glasnik*, publiée à Belgrade.

19. — Suède et Finlande.

Svensk Bokhandels-Tidning. Stockholm, impr. L. A. Normans. In-4º.

Organe de la librairie suédoise, paraissant une fois par semaine depuis 1863. Chaque numéro donne une liste alphabétique des publications en langue suédoise, et une autre de celles en danois et en norvégien.

Depuis 1867, il paraît aussi à Stockholm un catalogue annuel (*Arskatalog*), alphabétique et systématique.

20. — Suisse.

Bibliographie (und Literarische Chronik der Schweiz) et Chronique littéraire de la Suisse). Bâle et Genève, H. Georg. In-8º.

C'est la première bibliographie périodique que la Suisse ait jamais possédée. Fondée par la Librairie ancienne (Schweizerisches Antiquariat) à Zurich, en 1871, elle fut d'abord dirigée par E.-C. Rudolphi ; au commencement de cette année (1878), elle passa entre les mains de l'éditeur H. Georg, et changea en un in-8º le format in-4º adopté à l'origine. Elle paraît une fois par mois et embrasse toutes les publications de la Suisse, sans distinction de langue, et sans excepter les écrits périodiques dont elle donne les sommaires. Son cadre d'ailleurs est excellent. En dehors de la bibliographie, chaque numéro offre des Comptes-rendus, rédigés tantôt en français, tantôt en allemand, des livres ayant trait à la Suisse, imprimés dans ce pays ou à l'étranger ; une Chronique, contenant des articles relatifs à l'histoire littéraire, à l'histoire de l'imprimerie et à celle des bibliothèques de la Suisse, etc. ; enfin, des annonces de librairie. La nouvelle direction promet un index alphabétique annuel qui n'existait pas auparavant.

III.

BIBLIOGRAPHIES PÉRIODIQUES PAR SPÉCIALITÉS.

Depuis un assez grand nombre d'années, il est extrêmement facile de se tenir périodiquement au courant de tout ce qui se publie, dans le monde entier pour ainsi dire, sur presque toutes les branches des connaissances humaines, grâce aux bibliographies spéciales, le plus souvent semestrielles, excellentes sous tous les rapports, dont on est redevable exclusivement à des savants allemands, parmi lesquels se place au premier rang le Dr W. Müldener, conservateur de la bibliothèque de l'Université de Gœttingue. Chacune de ses bibliographies est classée dans l'ordre systématique, et pourvue d'une table alphabétique annuelle. Ce qui est particulièrement précieux, c'est qu'on y trouve aussi des sommaires des revues périodiques consacrées à la spécialité dont on s'occupe, et l'indication des articles dispersés dans les revues générales, dans les recueils des sociétés savantes, etc.

Je vais indiquer ces bibliographies dans l'ordre méthodique de leur sujet.

THÉOLOGIE CATHOLIQUE.

Bibliotheca catholico-theologica, oder systematisch geordnete Uebersicht der in Deutschland und dem Auslande auf dem Gebiete der katholischen Theologie neu erschienenen Bücher, etc. Göttingen, Vandenhoeck et Ruprecht. In-8º.

Rédigée par W. Müldener, et commencée en 1867, elle n'a pas été poursuivie au-delà d'une année, de sorte qu'actuellement, pour les travaux courants de théologie catholique, il faut recourir à de certaines revues spéciales.

THÉOLOGIE PROTESTANTE.

Bibliotheca theologica, oder systematisch geordnete Uebersicht aller auf dem Gebiete der evangelischen Theologie in Deutschland und dem Auslande neu erschienenen Bücher... Göttingen, Vandenhoeck et Ruprecht. In-8º.

Rédigée par W. Müldener. Semestrielle. Paraît depuis 1848.

JURISPRUDENCE, SCIENCES POLITIQUES ET SOCIALES.

Allgemeine Bibliographie der Staats-und Rechtswissenschaften.... Berlin, Puttkammer et Mühlbrecht. In-8ª.

Rédigée par Otto Mühlbrecht. Paraît tous les deux mois depuis 1867. A partir de 1869, elle est en outre refondue, pour faciliter les recherches, dans une liste annuelle (*Uebersicht....*). Le titre indique assez que cette bibliographie embrasse non seulement la jurisprudence, mais aussi les sciences politiques.

Bibliotheca œconomico-politica et statistica... Göttingen, Vandenhoeck et Ruprecht. In-8.

Rédigée par W. Müldener. Semestrielle. Il n'en a été publié, sous cette forme, que deux années : 1869 et 1870. Antérieurement (depuis 1852), elle embrassait aussi les publications relatives à la géographie (*Bibliotheca geographico-statistica et œconomico-politica*) qui en ont été détachées depuis pour former un bulletin spécial (voir ci-dessous).

Der Beobachter der socialen Literatur. Bibliographischer Specialbericht...... Zürich, Franz. In-8°.

Cette publication mensuelle, commencée en octobre 1877, sous la direction de Fr. et Ch. Moor, donne une bibliographie et une revue critique des écrits relatifs aux sciences sociales, ainsi qu'une chronique du mouvement socialiste et anti-socialiste.

SCIENCES PHYSIQUES, NATURELLES ET MATHÉMATIQUES. TECHNOLOGIE.

Bibliotheca historico-naturalis, physico-chemica et mathematica.... Göttingen, Vandenhoeck et Ruprecht. In-8°.

Rédigée d'abord par le Dr H. Guthe et ensuite (depuis 1871) par le Dr A. Metzger. Semestrielle. Paraît depuis 1851.

Botanischer Jahresbericht. Systematisch geordnetes Repertorium der Botanischen Literatur aller Länder.... Berlin, Borntraeger. In-8°.

Revue bibliographique annuelle, commencée en 1874 (pour 1873), sous la direction du Dr L. Just, professeur à l'École polytechnique de Carlsruhe.

Repertorium annuum literaturæ Botanicæ periodicæ. Harlemi, Erven Loosjes, 1873-77. 3 vol. gr. in-8°, 2 ff., xvi-223 ; xx-200 ; xxii-271 pp.

Ces trois volumes correspondent aux années 1872 à 1874. Le premier a été redigé par J.-A. Van Bemmelen ; les deux autres, par G.-C.-W. Bohnensieg et W. Burck.

Bibliotheca mechanico-technologica.... Göttingen, Vandenhoeck et Ruprecht. In-8°.

Rédigée par W. Müldener. Semestrielle. Paraît depuis 1871 sous cette forme. Auparavant (depuis 1862), elle donnait aussi la bibliographie des écrits relatifs à l'économie domestique, etc. (*Bibliotheca mechanico-technologica et œconomica*), qui ont fait l'objet d'un bulletin spécial (voir ci-dessous).

Polytechnische Bibliothek.... Leipzig, Quandt et Händel. In-8°.

Ce bulletin mensuel, commencé en 1866, donne la liste des écrits relatifs aux Mathématiques, à l'Astronomie, à la Physique, à la Chimie, à la Mécanique, à la Construction des machines, à l'Architecture, au Génie, à la Minéralogie et à la Géologie, à l'Exploitation des mines et à la Métallurgie, etc., et les sommaires des principales revues spéciales.

SCIENCES MÉDICALES.

Bibliotheca medico - chirurgica, pharmaceutico - chemica et veterinaria.... Göttingen, Vandenhoeck et Ruprecht. In-8".

Rédigée par Ch. Ruprecht. Semestrielle. Paraît depuis 1848.

AGRICULTURE, ÉCONOMIE DOMESTIQUE, ETC.

Bibliotheca œconomica...... Göttingen, Vandenhoeck et Ruprecht. In-8°.

Rédigée par W. Müldener. Semestrielle. Consacrée à l'Agriculture, à l'Horticulture, à la Sylviculture, à l'Économie domestique, à la Chasse, etc. Il n'en a paru sous cette forme, qu'une année, 1871 ; auparavant, elle était réunie à la *Bibliotheca mechanico-technologica* (voir ci-dessus).

SCIENCES MILITAIRES.

Allgemeine Bibliographie der Kriegs-Wissenschaften. Leipzig, Buchhandlung für Militair-Wissenschaften. Gr. in-8°.

Rédigée par le D^r Fr. Luckhardt. Mensuelle. Paraît depuis 1872 (à partir de 1876, le mot *Kriegs* a remplacé le mot *Militär* de l'ancien titre). Elle sert de complément au Journal militaire (*Militair-Literatur-Zeitung* ; Berlin, Mittler ; in-4°) qui, depuis 1820, date de sa fondation, donnait non seulement des articles de critique, mais aussi une bibliographie.

De 1866 à 1872, M. A. Büchting a publié une *Bibliotheca militaris et hippologica....* (Nordhausen, Büchting ; in-8°), semestrielle, conçue sur le plan des bibliographies analogues énumérées ci-dessus.

MUSIQUE.

Musikalisch-literarischer Monatsbericht neuer Musikalien, musikalischer Schriften und Abbildungen.... Leipzig, Hofmeister. In-8°.

Ce bulletin mensuel, rédigé jusqu'en 1870 par A. Hofmeister, ensuite par Fr. Jost (1871), Fr. Hofmeister (1872), A. Dörffel (1873), Rich. Noske (1874), et depuis par un rédacteur anonyme, est une continuation du *Handbuch der musikalischen Literatur*, inauguré en 1838. Il est pourvu d'un répertoire systématique annuel.

LINGUISTIQUE ET ARCHÉOLOGIE CLASSIQUE.

Bibliotheca philologica..... Göttingen, Vandenhoeck et Ruprecht. In-8°.

Fondée en 1848 par Ch. Ruprecht, et successivement rédigée

par L. Ruprecht, Gust. Schmidt, et actuellement par W. Müldener (depuis 1868), cette bibliographie semestrielle s'occupe
non seulement de linguistique et d'histoire littéraire universelle, mais aussi de tout ce qui touche à l'antiquité classique :
philosophie, littérature, géographie, histoire, mythologie, etc.

Pour la philologie classique, il paraît aussi, depuis 1874, une
bibliographie annuelle : *Bibliotheca philologica classica. Verzeichniss....*, rédigée par C. Bursian (Berlin, Calvary ; in-8°).

Je dois mentionner ici qu'une excellente bibliographie de publications en toutes les langues, relatives à la linguistique et à
l'histoire littéraire des pays néo-latins et de l'Angleterre, a été
donnée annuellement, depuis 1859 jusqu'en 1874, dans le *Jahrbuch für romanische und englische Sprache und Literatur*, fondé
par A. Ebert et continué par L. Lemcke. Le *Zeitschrift für
romanische Philologie*, dirigé par G. Gröber, et qui a remplacé en 1877 la revue précédente, continue cette bibliographie
annuelle, mais en se bornant à la philologie romane.

GÉOGRAPHIE ET HISTOIRE.

Bibliotheca geographica.... Göttingen, Vandenhoeck et Ruprecht. In-8°.

Rédigée par W. Müldener. Semestrielle. Elle n'a paru sous
cette forme que de 1870 à 1874 ; auparavant (depuis 1852), les
travaux géographiques étaient indiqués dans la *Bibliotheca geographico-statistica et œconomico-politica*. Elle a cessé de paraître
depuis 1875, mais une excellente bibliographie critique des ouvrages de géographie se trouve dans les *Mittheilungen* du
Dr Petermann (Gotha, Perthes) et une autre, non moins riche,
rédigée par W. Koner, dans le *Zeitschrift für Erdkunde* (Berlin,
Reimer).

Bibliotheca historica.... Göttingen, Vandenhoeck et Ruprecht.
In-8°.

Rédigée par W. Müldener. Semestrielle. Paraît depuis 1852.

Une bibliographie mensuelle consacrée aux sciences historiques et politiques (*Historisch-politische Bibliographie*; Berlin,
Adolf ; in-8°), inaugurée en 1869 par F. Jaerschkerski, n'a pas
été poursuivie au-delà d'une année.

JUDAÏSME.

Hebräische Bibliographie. Berlin, Benzian. In-8°.

Fondée en 1858 par M. Steinschneider, cette bibliographie
bimensuelle est consacrée à la littérature judaïque et rabbi-

nique, ancienne et moderne. Elle a été suspendue de 1866 à 1869, et fut ressuscitée à cette dernière date sous la direction actuelle de J. Benzian. Le premier rédacteur lui fournit encore néanmoins un supplément littéraire.

ORIENT.

Bibliotheca orientalis. Leipzig, Schulze. In-8°.

Publiée depuis 1876 par Ch. Friederici. Elle est consacrée aux publications faites dans l'Orient ou sur l'Orient.

Après avoir passé en revue ces différentes bibliographies périodiques par spécialités, on constate qu'il n'y a guère que la *philosophie moderne*, les *beaux-arts*, et les œuvres littéraires d'imagination (*poésie, théâtre, romans*) qui soient absents de cette liste. Les travaux relatifs aux deux premières branches sont en général enregistrés, avec plus ou moins de soin, tant en France qu'à l'étranger, dans des revues consacrées à ces spécialités. Chaque revue spéciale, d'ailleurs, offre une rubrique réservée à la bibliographie contemporaine des publications qui l'intéressent.

B.

BIBLIOGRAPHIES RÉTROSPECTIVES.

I.

BIBLIOGRAPHIES GÉNÉRALES UNIVERSELLES.

Nous n'avons guère à signaler sous cette rubrique que le volume supplémentaire (t. VII) du *Trésor de livres rares et précieux*, par J.-G.-Th. Grässe (Dresde, R. Kuntze, 1869; in-4°), ouvrage entrepris en concurrence avec le célèbre *Manuel du libraire*, de feu J.-Ch. Brunet, qu'il copie souvent et auquel il est inférieur par l'absence d'une table systématique, tout en lui restant supérieur pour l'abondance des renseignements sur les livres rares ou importants, publiés en langues étrangères.

Le *Manuel* de Brunet va à son tour recevoir un complément en deux volumes, rédigé par MM. Pierre Deschamps et Gustave Brunet, et annoncé comme devant paraître prochainement à la librairie Firmin Didot [1].

---

[1] Le premier volume de ce supplément a paru quelques mois après la réunion de notre congrès.

Je dois aussi signaler une importante notice de M. C. Castellani, conservateur de la bibliothèque dite de Victor-Emmanuel à Rome, notice où sont minutieusement décrits, d'après les exemplaires de cette bibliothèque, vingt-sept ouvrages ou éditions du xv⁰ siècle inconnus jusqu'à présent des bibliographes (*Notizia di alcune edizioni del secolo XV*, etc. ; Roma, tip. Romana, 1877 ; gr. in-8°, xv-38 pp.). Ces livres, en latin, en italien, en espagnol et en français, appartiennent aux impressions de Florence, Messine, Milan, Mondovi, Rome, Venise, Lyon, Paris, Salamanque, Tolède et Tolosa.

II.

BIBLIOGRAPHIES NATIONALES, GÉNÉRALES OU PARTIELLES.

1. — Allemagne.

L'Allemagne ne possède pas encore d'ouvrages de bibliographie embrassant sa littérature d'une manière régulière depuis l'origine de l'imprimerie jusqu'au commencement du siècle dernier. Panzer, auteur des Annales de la littérature allemande (*Annalen der ältern deutschen Litteratur*) depuis l'invention de l'imprimerie, ne l'a conduite que jusqu'en 1526. Elles se complètent en partie au moyen du *Repertorium* de Hain, qui donne la bibliographie universelle jusqu'en 1550. Emile Weller y a ajouté un complément pour le premier quart du xvi⁰ siècle (*Repertorium typographicum ;* Nördlingen, Beck, 1864 ; in 8°), suivi d'un supplément publié en 1874, chez le même éditeur. Des rectifications et des additions fort importantes au travail de Weller ont été insérées par M. Curtze, de Thorn, dans le *Neuer Anzeiger für Bibliographie* (1875, pp. 56-66 et 89-99).

Depuis le milieu du xvi⁰ siècle jusqu'en 1700, l'Allemagne possède d'énormes matériaux bibliographiques, entre autres les catalogues des célèbres foires de Leipzig et de Francfort, dont le plus ancien remonte à 1564, mais aucun ouvrage régulier, général ou partiel.

Il n'en est pas de même depuis 1700. Wilh. Heinsius a publié, en 1793, une bibliographie allemande de toute la période comprise entre ces deux dates, formant quatre volumes auxquels Fr. Bruder a ajouté un cinquième, donnant une continuation jusqu'en 1798. Heinsius a refondu son travail et l'a poursuivi jusqu'en 1810 dans une nouvelle édition de ce livre en quatre volumes (Leipzig, 1812 1813), auquel il ajouta en 1817 un cinquième volume, pour les publications des années 1811 à 1815. Son œuvre a depuis été régulièrement continuée par Kayser, Schulz, Schiller et Heumann, chaque volume embrassant en général une période de six années. Le tome XV de cet ouvrage, pour les années 1868 à 1874, a été rédigé par H. Ziegenbalg, et publié sous le titre primitif d'*Allgemeines Bücher-Lexikon*, etc. (Leipzig, Brockhaus, 1875-78; 2 part. gr. in-4°).

En 1833, l'ancien continuateur de Heinsius, Chr.-G. Kayser, a commencé, pour son propre compte, une bibliographie semblable, à partir de l'année 1750, sous le titre de *Vollständiges Bücher-Lexicon*, etc. Les six premiers volumes de cet ouvrage nous conduisent, dans un ordre alphabétique unique, jusqu'à la fin de l'année 1832 (Leipzig, 1833-38; 6 vol. in-4°). Un index méthodique, rédigé par A. Bliedener, y a été ajouté en 1841, et c'est là l'avantage le plus essentiel que cette bibliographie a sur sa rivale. Kayser a encore pu donner deux continuations de son grand travail, de 1833 à 1840 et de 1841 à 1846, formant quatre volumes. Son œuvre a été continuée d'abord par Zuchold (1847-52), ensuite par G.-W. Wuttig (1853-64). Ce dernier s'est associé R. Haupt pour la rédaction des tomes XVII et XVIII (années 1865-1870), et Haupt seul a publié les tomes XIX et XX, qui enregistrent les publications des années 1871 à 1876 (Leipzig, T. O. Weigel).

Ces deux grandes bibliographies sont rédigées sur le même plan, et elles sont également recommandables, de sorte qu'on ne s'explique pas parfaitement la raison d'être de cette concurrence, très louable d'ailleurs, et dont l'Allemagne offre l'exemple unique au monde. Assurément il vaudrait beaucoup mieux éviter ce double emploi, et appliquer à autre chose le temps disponible. Dépourvus de tables méthodiques, les ouvrages de Heinsius, de Keyser, et de leurs continuateurs, ne sont pas en mesure de rendre tous les services, et les bibliographes, ainsi que les studieux, ne pourront pas se passer, à partir de 1833 (année à laquelle s'arrête la table systématique de l'ouvrage de Kayser), de l'excellent catalogue semestriel dont nous avons déjà parlé (p. 489), continué avec tant de zèle et de compétence par la librairie Hinrichs, laquelle, afin d'en rendre l'usage plus commode, l'enrichit encore, malgré la présence d'une table méthodique annuelle, d'un répertoire méthodique collectif pour chaque période de six années (depuis 1857). Les trois premiers volumes de ce répertoire (*Repertorium*), pour les années 1857 à 1870, ont été rédigés par A. Büchting (Nordhausen, Büchting, 1863 (réimpr. en 1868), 1867 et 1871); le dernier (1871-1875) est l'œuvre d'E. Baldamus (Leipzig, Hinrichs, 1877; in-8°).

Là ne s'arrête pas l'activité des bibliographes allemands dans la rédaction des inventaires de leur littérature contemporaine. A. Kirchhoff a commencé en 1856 la publication d'un catalogue quinquennal, prenant pour point de départ l'année 1851, et il l'a poursuivi jusqu'en 1860. La librairie Hinrichs a continué cette œuvre : le tome III (1861-1865) a été rédigé par A. Büchting et G. Herre ; le tome IV (1866-1870) par Büchting seul (Leipzig, Hinrichs, 1871 ; gr. in-4°) et le tome V (1871-1875) par R. Haupt (*ibid.*, 1876). Au surplus, les trois premiers volumes de cet ouvrage ont été refondus dans un ordre alphabétique unique, par A. Büchting et E. Baldamus (*Hinrichs' Bücher Catalog* 1851-1865 ; Leipzig, Hinrichs, 1874 ; 2 vol. in-4°). Ces catalogues s'adressent plus particulièrement aux libraires.

2. — Amérique anglaise.

The American Catalogue of Books (original and reprints) published in the United States... Compiled and arranged by James Kelly. New-York, Wiley. Tome II. Gr. in-8°, 488 pp.

Ce volume embrasse les années 1866 à 1870 inclusivement ; le volume précédent, publié en 1866, contenait la bibliographie des cinq années précédentes. L'ouvrage entier fait suite à la *Bibliotheca americana* de Roorbach, en 4 vol. (New-York, 1852-1861), qui enregistre les livres publiés de 1820 à 1860 inclusivement. Pour les publications antérieures à 1820, il n'existe pas de bibliographie spéciale.

A l'occasion du centenaire de l'indépendance des États-Unis, P. Rowell, libraire de New-York, a publié une bibliographie des journaux et revues de son pays (*Centennial Newspaper Exhibition* 1876 ; New-York, 1876 ; in-12°, 300 pp.).

3. — Angleterre.

The English Catalogue of Books.... Vol. II. *Jan.* 1863 *to Jan.* 1872. *Compiled by* Sampson Low. London, Low, 1873. In-8°, 450 pp.

Le premier volume de cet ouvrage (1864) donne la bibliographie anglaise de 1835 à 1862. Avec une série de catalogues annuels ou réunissant plusieurs années, qui remontent au siècle dernier, et avec le *Bibliographer's Manual of English Literatur*, de Lowndes, pour les siècles précédents, on a à peu près l'ensemble des travaux pour la bibliographie de la Grande-Bretagne, mais tous ces ouvrages laissent beaucoup à désirer au point de vue scientifique.

4. — Bulgarie.

La bibliographie néo-bulgare a été dressée par J.-Const. Ireczek, depuis 1806 jusqu'en 1870 (*Knigopis*, etc.; Vienne, Sommer, 1872; in-8°, 48 pp.). Elle enregistre 550 ouvrages, classés par ordre alphabétique, avec une table systématique.

5. — Danemark et Norvège.

J. Vahl a publié une bibliographie (*Dansk Bogfortegnelse*) pour les années 1859-1866 (Kjöbenhavn, (1870-) 1871; in-4°, 229 pp.) qui fait suite à un ouvrage de F. Fabricius, portant le même titre, et embrassant la littérature danoise de 1841 à 1858. Malheureusement ces deux ouvrages, par le manque de précision, sont plutôt des catalogues de librairie que de véritables bibliographies, comme l'est par exemple celle publiée par la Société des libraires de Copenhague (*Almindeligt Dansk-Norsk Forlags-catalog*), remontant au siècle dernier et s'arrêtant en 1855, bibliographie classée par ordre alphabétique , avec des tables systématiques.

M. Ch. von Bruun, bibliothécaire de Copenhague, a entrepris de doter son pays d'une bibliographie bien complète de sa littérature, dressée méthodiquement. Les deux premières parties de ce grand travail ont paru : la première contient la Théologie ; la seconde, la Jurisprudence et les Sciences médicales (*Biblio-theca Danica. Systematisk Fortegnelse over den Danske Literatur fra* 1482 *til* 1830 ; Kjöbenhavn, Gyldendal, 1872; in-4°, LVIII-878 col.).

Pour la littérature norvégienne seule, il y a à signaler deux ouvrages ; le premier, rédigé en français : *La Norvège litté-raire ; catalogue systématique et raisonné de tous les ouvrages de quelque valeur imprimés en Norvège ou composés par des auteurs norvégiens au XIX° siècle, accompagné de renvois, notes et explications historiques* (Christiania, 1868; in-8°, 1 f., XII-272 pp.), offre un intérêt spécial, surtout pour les étrangers ; le second, rédigé par P. Botten-Hansen et Siegward Petersen (*Norks Bogfortegnelse* ; Kristiania, 1870; in-8°, 1 f. et 302 pp.), donne la bibliographie des années 1856 à 1865, pour faire suite à l'ouvrage de Nissen (années 1814 à 1847), continué par Arnesen jusqu'en 1855.

Il ne faut pas oublier non plus le travail de E. Collin sur les anonymes et pseudonymes dans les littératures danoise, norvégienne et islandaise, depuis les temps les plus reculés jusqu'en 1860 (*Anonymer og Pseudonymer....*; Kjobenhavn, 1869; in-8°, 216 pp.).

6. — **Espagne**.

La bibliographie générale espagnole (*Diccionario general de bibliografia española*) de Dionisio Hidalgo, commencée en 1865, est terminée en tant que dictionnaire (Madrid, 1867-72; t. II à V, gr. in-8°, 528, 528, 528 et 513 pp., plus 1 f.). Elle a le défaut d'être classée par ordre alphabétique des titres des ouvrages, mais le dernier volume (t. VI) doit offrir un index des noms d'auteurs.

7. — **France**.

Bien que notre pays soit loin d'avoir une bibliographie générale de sa littérature, des travaux partiels considérables ont vu le jour dans les dix dernières années. En première ligne se place le *Catalogue de la librairie française*, de M. Otto Lorenz, divisé en deux séries, dont la première (Paris, 1867-71 ; 4 vol. in-8°) embrasse les années 1840 à 1865, et la seconde (*ibid.*, 1876-78, 2 vol. in-8°), les dix années suivantes. Comme le titre le fait déjà pressentir, ce n'est point une bibliographie de notre littérature contemporaine, mais bien un catalogue de la librairie française. Fidèle à son plan de ne s'occuper que des besoins de cette dernière, M. Lorenz a exclu de son travail tous les écrits qui ne sont pas entrés dans le commerce : de là, l'absence d'une foule de brochures, de dissertations, de tirages à part dont l'importance spécifique est souvent considérable. D'un autre côté, la source principale où M. Lorenz a puisé ses indications bibliographiques ayant été le *Journal de la librairie*, il en résulte, sauf exception, que ce qui n'y a pas été enregistré ne figure pas non plus dans le *Catalogue de la librairie*. Il est regrettable que M. Lorenz n'ait pas voulu servir en même temps les intérêts de la science et qu'il se soit imposé cette restriction bibliopolique peu usitée, qu'il ne faudrait nullement encourager pour l'avenir ; travailleur consciencieux et infatigable, il était de taille à nous doter d'une œuvre de bibliographie sérieuse. Il ne fallait pas au moins supprimer l'indication du nombre de pages, afin de nous dispenser de recourir pour le même livre à deux ouvrages : à celui dont je parle, et au *Journal de la librairie*. Ce qui sera le plus précieux, c'est une table alphabétique des matières contenues dans le *Catalogue* de M. Lorenz. C'est l'absence d'un index semblable qui ôte la plus grande part d'utilité aux ouvrages de Quérard et de ses continuateurs, Louandre et Bourquelot, ouvrages auxquels celui de M. Lorenz fait suite, et qui réunis nous donnent à peu près la bibliographie des livres français depuis 1700 jusqu'à nos jours. Pour toute la période antérieure au siècle dernier, le *Manuel du libraire*, de J.-Ch. Brunet, avec son supplément, et avec la *France littéraire au XV° siècle*, de notre savant confrère, M. Gustave Brunet, offriront un ensemble assez satisfaisant pour la littérature française des XV° et XVI° siècles, et aussi pour les travaux les plus importants du siècle suivant, lequel, en définitive, restera le moins bien partagé, jusqu'à ce qu'un bibliographe veuille combler cette lacune.

Un précieux complément aux ouvrages de Quérard, Bourquelot et Lorenz a été donné par M. Gr. Ghennady, sous ce titre : *Les Écrivains franco-russes; bibliographie des ouvrages français publiés par des Russes* (Dresde, impr. d'E. Blochmann, 1874; gr. in-8", IV-89 pp.).

Il faut encore mentionner deux volumes publiés par M. Gust. Brunet d'après les papiers de Quérard. Le premier donne pour la France la bibliographie des *Livres perdus et exemplaires uniques* (Bordeaux, Lefebvre, 1872; in-8", 2 ff. et 102 pp.); le second, celle de *Livres à clef* (*ibid.*, 1873; in-8°, 4 ff. et 224 pp.).

C'est aussi dans notre période décennale qu'ont été publiés ou réédités des dictionnaires des pseudonymes et des anonymes de toute la littérature française, ouvrages qui constituent des compléments indispensables de nos grandes bibliographies. Pour les pseudonymes, MM. Gust. Brunet et P. Jannet ont donné une nouvelle édition, considérablement augmentée, des *Supercheries littéraires dévoilées*, de Quérard (Paris, Daffis, 1869-70; 3 vol. in-8°), à la fin de laquelle on a ajouté un dictionnaire des pseudonymes latins de tous les pays, tiré de l'ouvrage de Barbier dont il va être question, et de celui de Melzi. A ce propos, il faut citer le *Dictionnaire des noms, surnoms et pseudonymes latins de l'histoire littéraire du moyen âge* (1100-1530), par A. Franklin (Paris, Firmin-Didot, 1875; in-8°, X pp. et 684 col.). La nouvelle édition des *Supercheries littéraires* n'a pas complètement utilisé les indications fournies par le *Dictionnaire des pseudonymes* recueillis par G. d'Heylli, publié en 1867, et dont une nouvelle édition, entièrement refondue et augmentée, a été donnée en 1869 (Paris, Dentu; in-18 j., XXXVI-427 pp.). Il est essentiel d'y ajouter une petite plaquette, tirée à cent exemplaires : *Une Poignée de pseudonymes français recueillis dans la* Bibliotheca personata *du P. Louis Jacob de Saint-Charles*, par P. Clauer (Lyon, impr. Pitrat, 1877; in-8°, 27 pp.).

En ce qui concerne les anonymes dans la littérature française, MM. Ol. Barbier, R. et P. Billard ont donné une troisième édition, revue et augmentée, du *Dictionnaire des ouvrages anonymes* d'A.-A. Barbier (Paris, Daffis, 1872-78 ; 4 vol. in-8º), ouvrage bien fait et qui ne sera susceptible que de peu d'additions.

8. — Hollande.

La Hollande peut se vanter de posséder aujourd'hui une bibliographie régulière de sa littérature depuis 1600 jusqu'en 1875, grâce aux travaux de J. Van Abkoude, de R. Arrenberg et de J. de Jong, auxquels font suite deux ouvrages nouveaux (*Alphabetische Naamlijst van Boeken*, etc.) dont l'un va de 1850 à 1862 (Amsterdam, Brinkman (1866-)1868 ; pet. in-4º, 1010 pp.) et l'autre de 1863 à 1875 (*ibid.*, (1876-) 1878 ; pet. in-4º ; 2 ff. et 1249 pp.). Ils sont rédigés avec soin, et R. Van der Meulen y a ajouté une table systématique (*ibid.*, 1878 ; XVI-464 pp.).

Comme complément, il faut citer le Dictionnaire des anonymes et des pseudonymes (*Bibliothek van Nederlandsche Anonymen en Pseudonymen*) de J.-J. Van Doorninck ('s Gravenhage, Nijhoff, (1867-) 1870 ; gr. in-8º, XII pp. et 838 col.), ouvrage qui a la réputation d'être excellent.

9. — Hongrie.

Déjà en 1862, M. Ch. Kertbeny avait annoncé la publication prochaine d'une bibliographie hongroise sur une vaste échelle, qui devait comprendre non seulement tous les livres et journaux publiés en hongrois depuis l'invention de l'imprimerie, mais aussi tous lés ouvrages traduits de cette langue, ainsi que tous ceux relatifs à la Hongrie et publiés en langues étrangères. L'ensemble devait former neuf volumes. Comme il y a loin de la coupe aux lèvres, ce n'est que quatorze ans après cette annonce, qu'une première livraison de ce grand travail a vu le jour ; elle contient la bibliographie des ouvrages hongrois traduits en langues étrangères (*A Magyar nemzeti es nemzetközi irodalom Könyvészete.* 1441-1876; Budapest, Tettey, 1876 ; in-8º, 4 ff. et 75 pp.). La suite est encore à venir, de sorte que de ce train le XIXe siècle n'en verra probablement pas la fin.

10. — Italie.

L'Italie est le pays dont la bibliographie nationale est la moins avancée. En effet, elle ne possède réellement qu'un seul ouvrage dans cette spécialité : la *Bibliotheca italiana* de Haym, complétée par F. Giandonati, ouvrage fort utile, quoique bien incomplet, et qui, même dans la dernière édition (1803), n'épuise pas complètement le siècle précédent.

D. Gius. Bertocci a entrepris une bibliographie systématique de la littérature italienne du XIXe siècle (*Repertorio bibliografico delle opere stampate in Italia nel secolo XIX*), et en a déjà publié un premier volume consacré aux travaux historiques divisés en sept classes (Roma, tip. del. Salviucci, (1871-)1876; gr. in-8°, 24, 80, 32, 168, 144, 56, 56 et 40 pp., plus 40 pp. (index) et 1 f.)

D'un autre côté, Oscar Greco a publié une bibliographie des œuvres écrites en italien au XIXe siècle par des femmes (*Bibliografia feminile italiana del XIX secolo*; Mondovi, tip. Issoglio, 1875; in-8°, XXVI-536 pp.). Je mentionnerai à ce propos qu'un travail semblable, mais portant sur l'ensemble de la littérature italienne, avait déjà été mis au jour, sous le même titre, par le comte P.-L. Ferri (Padova, 1841; in-8°).

11. — Orient.

Peu de travaux de bibliographie locale ont été publiés dans le domaine des littératures de l'Orient. Les voici :

Trübner's *Bibliotheca sanscrita. A Catalogue of sanskrit Literature, chiefly printed in Europa. To which is added : A Catalogue of sanskrit works printed in Italia, and a Catalogue of Pali Books*; London, Trübner, 1875; in-8°, 2 ff. et 84 pp.

Catalogue of native publications in the Bombay Presidency.... by J.-B. Peile; Bombay, 1870; in-4°.

Ce catalogue, publié par ordre du gouvernement local, embrasse une période de deux ans et demi, du 1er janvier 1865 au 30 juin 1867, et fait suite à un catalogue général dressé par A. Grant, et dont une deuxième édition a été donnée en 1867, à Bombay (gr. in-8°, 35 et 239 pp.).

12. — Pologne.

Le Dr Charles Estreicher, ancien professeur de bibliographie à l'Université de Varsovie, et actuellement directeur de la bibliothèque de l'Université des Jagellons à Cracovie, a résolu de doter la Pologne d'une bibliographie générale dans la plus large acception de ce mot, car elle doit embrasser non seulement toute la littérature polonaise, mais encore tout ce que les Polonais ont écrit en langues étrangères et aussi tout ce que les étrangers ont écrit sur la Pologne. On le voit, le cadre est large, et on aurait le droit de croire qu'une entreprise aussi colossale est au-dessus des forces d'un seul homme. Et cependant, la moitié de cette tâche est déjà accomplie. Le savant bibliographe a divisé son travail en trois périodes séculaires, dans l'ordre ascendant, et a commencé par le XIX⁰ siècle, on verra pourquoi. Cette première parite (*Bibliografia polska. Czesc 1. Stolecie XIX*), publiée sous les auspices de la section bibliographique de l'Académie des sciences de Cracovie, et dont la première livraison a vu le jour en 1870, touche presque à sa fin au bout de huit ans (Cracovie, 1870-78, t. I à V, in-8⁰, 2 ff., XVIII, LVIII-523 et 46 pp.; 1 f., IV-634 pp.; V, II-608 pp.; 2 ff. et 659 pp.; et pp. I-335). L'ouvrage est conçu sur un plan nouveau et très ingénieux. L'ordre alphabétique par noms d'auteurs, ou des titres pour les ouvrages anonymes, y est habilement combiné avec l'ordre des matières à l'aide de renvois, de manière que toute espèce de recherche se fait avec une extrême facilité, ce qui n'a lieu dans aucune autre bibliographie. Ainsi au mot *Anatomie*, par exemple, vous trouverez la liste de tous les écrivains polonais du siècle qui ont écrit sur cette matière, et vous n'avez alors qu'à consulter, dans l'ordre alphabétique, l'article spécial consacré à chacun d'eux; sous une autre rubrique, vous rencontrerez les noms de toutes les femmes-auteurs de la Pologne, etc. Cette première partie, consacrée au siècle actuel, offrira l'inventaire d'environ 50,000 articles. La seconde, embrassera les XVII⁰ et XVIII⁰ siècles, avec 60,000 imprimés; la troisième, les XV⁰ et XVI⁰ siècles, avec 10,000 imprimés. Cette dernière étant la plus difficile à reconstituer, l'éminent bibliographe en a déjà mis en circulation un essai préparatoire, sous forme d'une liste chronologique de 7,200 imprimés, dans le but de recevoir des rectifications et des additions (*Bibliografia polska XV-XVI⁰ stolecia. Zestawienie chronologiczne* 7,200 *druków*; Krakow, 1875; in-4⁰, 2 ff., XVI pp., 1 f. et 227 pp.).

C'est avec raison que l'auteur a commencé par le XIX⁰ siècle, car dès aujourd'hui la Pologne possède déjà une bibliographie très satisfaisante de l'ensemble de sa littérature, grâce au remarquable ouvrage d'A. Jocher, contenant la bibliographie systématique de la littérature polonaise depuis l'origine de l'imprimerie jusqu'en 1830 (*Obraz bibliograficzno-historyczny literatury i nauk w Polsce*; Wilno, 1840-57; 3 vol. in-4⁰), ouvrage pour lequel le Dʳ Estreicher a publié un index alphabétique (*Spis abecadlowy..*; Krakow, 1873; in-8⁰, 2 ff. et 77 pp.), qui n'est qu'un extrait de sa grande Bibliographie. On est vraiment émerveillé de cette infatigable activité du savant bibliothécaire de Cracovie, et, si Dieu daigne lui prêter vie, il aura érigé pour la littérature polonaise un *monumentum œre perennius*, unique au monde, ce dont je suis on ne peut plus fier pour ma mère-patrie, et heureux pour mes études de prédilection.

Les écrivains nationaux et les savants allemands ont rendu

un juste tribut d'hommages aux qualités maîtresses du grand bibliographe polonais : la scrupuleuse exactitude et une rare précision. Il me suffira d'ajouter qu'en dehors de son énorme travail, il a encore trouvé le loisir de publier plusieurs monographies d'une grande utilité, entre autres : une Liste de 1,400 écrits périodiques on recueils de travaux de divers auteurs (1,400 *Pism peryodycznych i zbiorowych;* Krakow, 1871 ; pet. in-4°, 1 f. et 27 pp. ; tiré à 30 ex.), chiffre qui n'a encore été atteint par aucun autre peuple slave; — une Table systématique de 136 volumes de la *Biblioteka Warszawska* (1841 à 1874), la plus importante des revues polonaises contemporaines (*Zestawienie przedmiotow...;* Krakow, 1875 ; gr. in-8°, VII, 2 et 319 pp.),et une semblable Table systématique pour le *Tygodnik illustrowany* (Varsovie, Unger, 1877 ; in-8°, 276 pp.), premier journal polonais illustré, fondé à Varsovie par l'éminent éditeur Unger en 1859, et régulièrement poursuivi, avec zèle et compétence, par son successeur.

13. — Portugal et Brésil.

De 1852 à 1865, I.-F. da Silva a publié un *Diccionario bibliographico* pour l'ensemble de la littérature portugaise et brésilienne (Lisboa ; 7 vol. gr. in-8°), publication très précieuse, malgré ses lacunes et ses imperfections, mais fort incommode à consulter en raison de la bizarrerie de son classement, les livres étant inventoriés dans l'ordre alphabétique des *prénoms* de leurs auteurs. Depuis, il y a ajouté deux volumes supplémentaires, qui forment les tomes VIII et IX de l'ouvrage (Lisboa, 1867-1870 ; gr. in-8°, XXXI-428 et XVI-452 pp.).

14. — Russie.

La Russie s'élève aujourd'hui graduellement au rang des nations les mieux partagées sous le rapport des travaux bibliographiques. Elle possédait déjà une bibliographie générale de sa littérature, depuis l'origine de l'imprimerie jusqu'en 1813, rédigée par Basile Sopikov et terminée par G. Anastassiévitch (*Opyt rossiiskoï bibliografii;* Saint-Pétersbourg, 1813-21 ; 5 vol. in-8°), à laquelle servent de complément les catalogues systématiques de la librairie Smirdine (1828, 1829, 1832, 1858 et 1859) qui enregistrent les livres publiés depuis le commencement de ce siècle. Le savant conservateur de la bibliothèque impériale de Saint-Pétersbourg, M. Vladimir Méjov, a fourni à ces ouvrages un excellent complément par la publication d'un catalogue systématique des livres en langue russe imprimés de 1825 à 1869, sous forme de Catalogue de là librairie Bazounov (*Sistematitcheskii katalog rouskime knigam*; Saint-Pétersbourg, Bazounov, 1869 ; in-8°, 1 f., VIII, XIII, 995 p. et 2 ff.), rédigé avec un soin digne des plus grands éloges, et particulièrement intéressant en ce qu'il mentionne les articles de critique dont un livre a été l'objet, et aussi les traductions des ouvrages russes en langues étrangères. M.Méjov poursuit et complète son grand travail à l'aide des suppléments dont il y a déjà huit de publiés (1870, 1872, 1873, 1875, 1877 ; 1 f., X, CXVI-199 pp. ; 1 f., VIII, LIX, XX-180 pp. ; 1 f., VII, XVI, VI, XIX-328 pp.; XI, XIX, IV, VI, XXXII-414 pp. ; 2 ff., XX-584, XX, II, IV, XLVII pp.).

On peut y ajouter, en guise de complément, un catalogue (*Spisok*) des livres imprimés en langue russe hors de la Russie (Berlin, Stuhr, 1875 ; gr. in-8°, 2 ff. et 44 pp.).

Un autre bibliographe d'une haute compétence, M. Grég. Ghennady, a commencé la publication d'un Dictionnaire rectificatif (*Spravotchnyi Slovar*) pour les biographies et bibliographies russes du XVIII⁰ et du XIX⁰ siècle, avec un catalogue des livres russes de 1725 à 1825. Il n'a encore paru de cet excellent ouvrage, pouvant servir d'introduction à celui de M. Méjov, que le premier volume, contenant les lettres A-E (Berlin, impr. Rosenthal, 1876 ; petit in-4°, 1 f., VII·352 pp.). Le même savant avait déjà publié un travail sur les raretés bibliographiques de la littérature russe (*Rouskija knijnyia riedkosti* ; Saint-Pétersbourg, 1872 ; gr. in-8°, 2 ff., IV-151 pp., et 1 f.), et on lui doit aussi un Dictionnaire des anonymes russes (*Spisok rouskikh anonimnykh knig..*; Saint-Pétersbourg, 1874 ; in-8°).

Il est essentiel de signaler encore un ouvrage d'une grande valeur, par A.-N.Néoustroïév, consacré à la bibliographie historique des journaux et revues russes publiés depuis leur origine (1703) jusqu'en 1802, avec une table des articles insérés dans ces journaux et revues (*Istoritcheskoié rozyskaniié o rouskikh povremiennykh·izdaniakh i sbornikakh* ; Saint-Pétersbourg, 1875 ; gr. in-8, LXXII-878 pp.). Ce travail se complète à l'aide d'une série d'articles de MM. Lambine et Méjov, insérés dans de diverses revues.

15. — Serbo-Croatie et Lusace.

Sous les auspices de la Société des sciences de Serbie, Stoian Novakovitch a publié une bibliographie de la littérature serbo-croate de 1741 à 1867 (*Srpska bibliografia za novinou knijev-*

nost ....; Belgrade, 1869; in-8, 2 ff., xxiv-644 pp.), mais où il n'est tenu compte que des ouvrages imprimés en caractères cyrilliques, à l'exclusion de ceux en caractères latins, bien que la langue soit la même dans les deux cas, d'où proviennent des lacunes bien volontaires. L'ouvrage est classé dans l'ordre chronologique, et pourvu d'une table alphabétique des noms d'auteurs et d'une table par matières, système excellent et instructif.

La bibliographie des publications serbo-croates antérieures à 1741 a été donnée par Schafarik dans son *Histoire de la littérature des Slaves méridionaux*.

En ce qui concerne la littérature du petit peuple slave, connu sous le nom de Serbes de la Lusace ou des Vendes, elle a maintenant sa bibliographie, non seulement pour les imprimés, mais aussi pour les manuscrits, depuis 1659 jusqu'en 1869, grâce à H. Doutchman (*Pismowstwo katholskich Serbow;* Budysin [Bautzen], Smolar, 1869; gr. in-8, 2 ff. et 104 pp.).

16. — Suède et Finlande.

La bibliographie suédoise de Hjalmar Linnström *(Svenskt Boklexicon)*, pour les années 1830 à 1865, dont la première livraison remonte à dix ans, ne paraît pas devoir être continuée (Stockholm, 1869-72; in-4°, 1 f. et pp. i-288).

Plus rapide a été la publication d'une autre bibliographie, destinée à continuer la précédente jusqu'en 1875; elle est pourvue d'une table systématique (*Svensk Bok-Katalog för aren 1866-1875;* Stockholm, Samson et Wallin, 1878; in-4°, 4 ff. et 331 pp.).

On avait déjà un *Svensk Bokhandels-Katalog* (Stockholm, Norstedt, 1845-52; in-8°), où l'on trouve d'abord la bibliographie de la littérature de la Suède depuis le commencement de ce siècle jusqu'en 1844, dans l'ordre alphabétique des noms d'auteurs, avec une table systématique; et ensuite une continuation jusqu'en 1851, à l'aide de deux suppléments. Néanmoins c'est plutôt un catalogue de librairie qu'une véritable bibliographie. Pour les années 1855-58, on a un catalogue semblable dressé par A. Bonnier (Stockholm, 1856-59; 4 part. in-8°).

III.

BIBLIOGRAPHIES UNIVERSELLES OU NATIONALES PAR
SPÉCIALITÉS.

Les bibliographies générales s'adressent plus particulièrement aux biographes et aux libraires, mais ne peuvent pas rendre de services réels aux érudits et aux spécialistes, surtout lorsqu'elles sont dépourvues de tables systématiques. Pour répondre à ce besoin d'un autre ordre, le plus important dans l'espèce, on a, depuis le XVIᵉ siècle, publié un nombre considérable d'ouvrages, d'abord sous forme de bio-bibliographies et ensuite sous celle de bibliographies pures. Toutes les branches des connaissances humaines ont ainsi été abordées, avec plus ou moins de talent et de compétence, mais c'est surtout depuis une cinquantaine d'années que ce genre de travaux a été le plus cultivé.

S'il est impossible d'exiger qu'une bibliographie générale, plus ou moins étendue, contienne autre chose qu'une liste exacte des livres, avec l'indication de leur prix d'émission ou de leur valeur commerciale, il n'en est pas de même d'une bibliographie spéciale, par cette raison qu'elle s'adresse à un tout autre public et que sa portée est bien différente. Son but principal devant être celui de servir de guide pour les études spéciales et de renseigner non seulement sur l'existence d'un livre, mais surtout sur son intérêt et sa valeur intrinsèques, ce but ne saurait être entièrement atteint par un simple magasin d'étiquettes, sans aucun commentaire. Certainement, c'est déjà bien précieux d'avoir sous la main un catalogue d'écrits relatifs à une spécialité ou à une question quelconque, mais les bibliographies spéciales vraiment méritoires sont celles dites *raisonnées*, où l'on apprend que tel livre est bon et tel autre mauvais, que celui-ci offre un travail original et celui-là une compilation plus ou moins réussie, sans avoir besoin de faire cette expérience par soi-même. Il est clair que si, pour rédiger une bibliographie dépourvue de toute note critique, il suffit d'être un chercheur patient et un copiste consciencieux des titres, en revanche, pour aborder une monographie bibliographique raisonnée, il faut un bibliographe doublé d'un savant bien au courant de la matière qu'il se propose de traiter. Un livre de cette nature devient une sorte d'histoire littéraire et un puissant auxiliaire d'enseignement.

Les Allemands, si féconds en travaux bibliographiques, n'ont pour ainsi dire pas encore abordé les bibliographies raisonnées, et c'est principalement en France que ce genre commence à être cultivé sur une assez grande échelle. C'est aussi dans cette voie, croyons-nous, que se trouve l'avenir de la bibliographie, si elle veut intéresser et instruire.

Nous allons maintenant passer en revue, dans l'ordre des spécialités, les travaux bibliographiques les plus récents.

Bibliotheca Novi Testamenti græci cujus editiones ab initio typographiæ ad nostram ætatem impressas quotquot reperiri potuerunt, collegit, digessit et illustravit Ed. Reuss, *Argentoratensis.* Brunsvigæ, Schwetschke,.1872. Gr. in-8°, vii-314 pp.

Bibliographia Catholica Americana. A List of Catholic Books published before 1825, *with Sketches of the Authors.* New-York, Catholic Publication Society, 1872. In-8°.

Elle contient probablement autre chose qu'une bibliographie des livres de théologie catholique.

Baldamus' *fünfjährige Fachkataloge.* IV b. *Katholische Theologie,* 1865-1869. Reudnitz, Baldamus, 1870. In-8°, 2 ff. et 104 p.

Pour les seuls écrits allemands. Il en a été publié une suite, embrassant les années 1870 à 1874 (Leipzig, Hinrichs, 1875; in-8°, 2 ff. et 112 pp.).

Une bibliographie semblable a été consacrée à la *Théologie protestante,* pour la même période de dix ans (*Protestantische Theologie,* 1865–69; Reudnitz, 1870, 3 ff. et 152 pp; — suite : 1870-1874; Leipzig, Hinrichs, 1875, 2 ff. et 192 pp.).

Bibliotheca juridica. Handbuch der juristischen und staatswissenschaftlichen Literatur. Leipzig, Schulz, 1867 (nouveau titre avec la date de 1877). In-8°, iv-330 pp.

Rédigée par Wilh. Wuttig, cette bibliographie de livres de droit, publiés en Allemagne et dans les pays circonvoisins depuis 1849 jusqu'au milieu de l'année 1867, fait suite à la *Bibliotheca juridica* d'Enslin, complétée par Engelmann, qui embrasse presque toute la littérature juridique allemande, et principalement à partir de 1750. Le travail de Wuttig a été continué par L. Rossberg jusqu'en 1876 (*ib.*, 1877; in-8°, 2 ff. et 249 pp.).

Otto Mühlbrecht a donné, dans cette spécialité, une monographie concernant la Prusse seule (*Die Literatur der preussischen Staats-und Rechtswissenschaft* [1849-1867]; Berlin, Kallmann, 1868; in-8°, 1 f. et 120 pp.).

Il faut encore citer un livret fort utile, contenant le catalogue des principales publications, allemandes et autres, relatives à toutes les branches de la jurisprudence et des sciences politiques, livret dont la dernière édition (la 5e) s'arrête au 31 juillet 1871 (*Bibliotheca juridica..*; Wien, Manz, 1871; gr. in-8°, 1 f. et 144 pp.).

En fait de publications françaises en ce genre, il n'y a guère à mentionner qu'une nouvelle édition de l'ouvrage bien connu de Warée (*Répertoire bibliographique des ouvrages de législation, de droit et de jurisprudence... publiés spécialement en France..;* Paris, Cotillon, 1870 ; in-8°, 320 pp.), continué jusqu'en 1870, mais qui est plutôt un catalogue de libraire qu'une bibliographie.

On annonce toutefois comme devant paraître prochainement (à la librairie Firmin-Didot) une *Bibliographie raisonnée du droit civil*, par M. E. Dramard, président du tribunal d'Arbois, bibliographie qui doit enregistrer non seulement les ouvrages séparés, mais aussi les articles de journaux et revues[1].

En Belgique, il a paru une *Bibliographie juridique belge* (Bruxelles et Liège, Decq et Duhent, 1877 ; in-8°, 68 pp.), et un auteur anonyme a doté son pays d'un ouvrage semblable pour les livres de droit et de jurisprudence publiés en Hollande depuis 1837 (*Bibliotheca juridica. Catalogus van alle Boeken*, etc.; 's Gravenhage, M. Nijhoff, 1874 ; gr. in-8°, 3 ff. et 289 pp.).

SCIENCES ET ARTS.

1.—Généralités.

C'est à la sollicitude de la *Royal Society* de Londres qu'on doit la publication d'un précieux catalogue des travaux relatifs à la Physique, à la Chimie, aux Sciences naturelles et mathématiques, disséminés dans les mémoires des sociétés savantes et dans les recueils périodiques du monde entier, depuis le commencement du siècle jusqu'en 1863 (*Catalogue of scientific papers* ; London, 1867-72 ; 6 vol. gr. in-4°, LXXIX-960, IV-1012, V-1002, IV-1006, IV-1000 et XI-763 pp.). Une continuation, pour les travaux publiés de 1864 à 1873, est en cours de publication (t. VII, ou Ier de la suite : *ibid.*, 1877 ; XXXI-1047 pp.). Le seul défaut de cette immense compilation est d'être classée par ordre alphabétique des noms d'auteurs, défaut auquel ne remédie pas complètement un index alphabétique des matières.

2. — Philosophie.

Dans cette section, on n'a que deux travaux à signaler. Sous le titre de *Bibliotheca philosophica* (Nordhausen, Büchting,

---

[1] Cette *Bibliographie raisonnée* et méthodique a paru au commencement de l'année 1879. Faite avec soin et compétence, surtout dans la partie critique, car le côté bibliographique a été un peu négligé, elle rendra de grands services aux jurisconsultes.

1872 ; in-8°, 43 pp.),A. Büchting a donné un supplément,pour les années 1867 à 1871, à sa bibliographie des ouvrages de philosophie publiés en Allemagne de 1857 à 1866 (*ib.*,1867; in-8°, 50 p.)

D'un autre côté, Raphaël Pompa a mis au jour un essai de bibliographie critique de la littérature philosophique contemporaine en Italie.(*L'Italia filosofica contemporanea;* Salerno, tip. del Progresso, 1875 ; in-16, 102 pp.).

3. — Sciences naturelles.

. Plusieurs ouvrages de bibliographie fort importants. ont été publiés pour cette branche des sciences. En voici l'indication :

Zoologie.—*Thesaurus Ornithologiœ.Repertorium der gesammten Ornithologischen Literatur*. Von Dʳ C. G. Giebel ; Leipzig, Brockhaus, 1872-77 ; 3 vol. in-8°, ix-868, 787 et 861 pp.).

Travail remarquable de bibliographie critique.

— *Proeve van eene Ichthyologische Bibliographie…* Door D. Mulder Bosgoed; Haarlem, Loosjes, 1871 ; gr. in-8°, 1 f. et vi-247 pp. Ce premier .essai a été ensuite développé sous le titre de : *Bibliotheca ichthyologica et piscatoria. Catalogus van Boeken en Geschriften,* etc. (*ibid.*, 1874; gr. in-8°, 2 ff., xxvi-474 pp.

Botanique. — G. A. Pritzel a donné une nouvelle édition de sa bibliographie de tous les écrits relatifs à la botanique, au nombre d'environ 15,000, ouvrage consciencieux et qui a la réputation d'avoir épuisé la matière (*Thesaurus Literaturœ Botanicœ omnium gentium,* etc. ; Lipsiæ, Brockhaus (1872-) 1877 ; in-4°, 2 ff. et 577 pp.).

Un autre travail sur le même sujet, très important aussi au point de vue bibliographique, est dû à L. Pfeiffer (*Nomenclator botanicus* ; Cassellis, Fischer, 1872-75 ; 2 vol. in-4°, 1 f., 1876 pp., et 1698 pp.).

Il faut y ajouter encore une monographie de la Lichénologie, très étendue et très bien faite, par A. von Krempelhuber, dont les deux premiers volumes embrassent la littérature de cette spécialité depuis les temps les plus anciens jusqu'en 1865 (*Geschichte und Literatur der Lichenologie,* etc. ; München, Kaiser, 1867-1869 ; 2 vol. gr. in-8°, xv-616 pp. et 1 lith. ; viii-776 pp. et 1 lith.), tandis qu'un volume complémentaire la conduit depuis cette date jusqu'à la fin de 1870 (*ibid.*,1872, xvi-261 pp.).

4. — *Sciences médicales.*

C'est assurément la branche la plus favorisée en travaux bibliographiques. L'ouvrage le plus important dans cette section et de l'intérêt le plus général est la *Bibliographie des sciences médicales*, par Alphonse Pauly (Paris, Tross, (1872-)1874 ; gr. in-8°, XIX pp., 1758 col. et 36 ff.), dont la première partie offre la bibliographie, la biographie et l'histoire générale des sciences médicales, tandis que les deux suivantes comprennent l'histoire des écoles, des corporations et des sociétés médicales en France et à l'étranger, l'histoire des doctrines, enfin les spécialités médicales, etc. Il a été l'objet des plus grands éloges.

Au moment où Wilhelm Engelmann publiait un supplément à sa *Bibliotheca medico - chirurgica et anatomico - physiologica* (1848), supplément qui embrasse les travaux des années 1848 à 1867 (Leipzig, Engelmann, 1868; gr. in-8°, 1 f. et 350 pp.), de sorte que les deux ouvrages réunis offrent l'inventaire de la littérature médicale allemande depuis 1750, A. Büchting avait déjà inauguré une série de bibliographies de chacune des principales branches de la médecine, également pour les seuls écrits allemands, y compris les périodiques, ayant paru dans une période de vingt ans, soit de 1847 à 1866, soit de 1848 à 1867, soit de 1849 à 1868. Plusieurs de ces bibliographies ont reçu un complément conduisant jusqu'à l'année 1871. En voici d'ailleurs une indication sommaire :

— *Bibliotheca anatomica et physiologica* (1848-1867) ; Nordhausen, Büchting, 1868; in-8°, 85 pp.

— *Bibliotheca balneologica et hydrotherapeutica* (1847-1866) ; *ibid.*, 1867 ; 106 pp. — Supplément (1867-1871) ; *ibid.*, 1872 ; in-8°, 41 pp.

— *Bibliotheca chirurgica* (1848-1867) ; *ibid.*, 1868 ; 41 pp.

— *Bibliotheca gynæcologica et obstetricia* (1847-1867); *ibid.*, 1867 ; 45 pp.

— *Bibliotheca medicinæ publicæ* (1848-1867) ; *ibid.*, 1868 ; 92 pp.

— *Bibliotheca medico-generalis* (1848-1867); *ibid.*, 1868 ; 42 pp.

— *Bibliotheca medico-historica , -geographica et statistica* (1848-1867); *ibid.*, 1868 ; 35 pp.

— *Bibliotheca odontiatrica* (1847-1866) ; *ibid.*, 1867 ; 14 pp.

— *Bibliotheca ophtalmiatrica* (1847-1866) ; *ibid.*, 1867 30 pp. — Supplément (1847-1871); *ibid.*, 1872 ; 22 pp.

— *Bibliotheca otiatrica* (1847-1866); *ibid.*, 1867 ; 14 pp.

— *Bibliotheca pathologica et therapeutica* (1848-1867); *ibid.*, 1868 ; 91 pp.

— *Bibliotheca pharmacologica et toxicologica* (1848-1867); *ibid.*, 1868 ; 36 pp.

— *Bibliotheca pharmaceutica* (1849-1868) ; *ibid.*, 1869 ; 81 pp.

— *Bibliotheca praxeos medicœ* (1848-1877) ; *ibid.*, 1868 ; 23 pp.

— *Bibliotheca psychiatrica* (1847-1866); *ibid.*, 1867 ; 23 pp. — Supplément (1867-1871); *ibid.*, 1872 ; 14 pp.

Le même bibliographe a aussi publié une *Bibliotheca veterinaria* (*ibid.*, 1867 ; gr. in-8°, 68 pp.), pour les travaux allemands dans cette spécialité depuis le milieu de 1842 jusqu'à la fin de 1866 ; elle fait suite à un ouvrage de W. Engelmann qui s'arrêtait à la première de ces dates.

De son côté, E. Baldamus a donné, dans la série de ses catalogues quinquennaux par spécialités, une bibliographie des écrits allemands du domaine des sciences médicales publiés de 1866 à 1870 (Baldamus' *fünfjährige Fachkataloge. VI. Medicin und Pharmacie ;* Reudnitz, Baldamus, 1871 ; in-8°, 3 ff. et 104 pp.), et ensuite une continuation pour les années 1871-1875 (Leipzig, Hinrichs, 1876 ; in-8°, xxix-114 p.).

Je signalerai encore une monographie semi-médicale, très curieuse, mais non achevée, due à la plume du Dʳ A. Dureau : *Histoire de la médecine et des sciences occultes. Notes bibliographiques pour servir à l'histoire du magnétisme animal. Analyse de tous les livres, brochures, articles de journaux publiés sur le magnétisme animal en France et à l'étranger à partir de 1766 au 31 décembre* 1868 ; Paris, 1869 ; in-8°, 206 pp. La partie publiée est consacrée aux livres imprimés en France.

Un autre travail français encore plus digne d'attention est un *Répertoire bibliographique des travaux des médecins et des pharmaciens de la marine française, 1696-1873 ; suivi d'une table méthodique des matières* (Paris, Baillière, 1874 ; in-8, iv-284 pp.), par les docteurs Ch. Berger et H. Rey. Il forme un appendice aux *Archives de médecine navale.*

5. — *Chimie.*

Sous le titre de *Bibliotheca chemica et pharmaceutica* (Göttingen, Vandenhoeck et Ruprecht, 1872 ; in-8°, 1 f. et 125 pp.), Rud. Ruprecht a continué, de 1858 à la fin de 1870, la *Bibliotheca chemica* de Zuchold, un très bon travail de bibliographie universelle pour les écrits sur la chimie publiés depuis 1840.

6. — *Agriculture, Sylviculture, Viticulture, etc.*

La librairie Gerold, à Vienne, a donné une bibliographie des
publications allemandes, françaises et anglaises des années
1866 à 1872, relatives à l'Agriculture, à la Sylviculture, à l'Économie domestique et à la Chasse (*Die Literatur der letzten
sieben Jahre* (1866-1872) *aus dem Gesammtgebiete der Land-und
Forstwissenschaft...* ; Wien, Gerold, 1873 ; in-8°, 2 ff. et 278 pp.),
qui fait suite à une bibliographie semblable donnée par la même
maison en 1866, pour les années 1856 à 1865.

D'un autre côté, la librairie Faesy et Frick, à Vienne, avait
déjà, trois ans auparavant, mis au jour une bibliographie plus
restreinte, relative aux seules publications allemandes, dans le
domaine de l'Agriculture et de la Sylviculture, pour les années
1855 à 1869 (*Bibliothek für den Land-und Forstwissenschaften ;*
Wien, Faesy et Frick, 1870 ; in-8°, xvi-110 pp.), et une publication semblable, pour les années 1866-1870, fait partie de la série
de catalogues spéciaux de Baldamus (*Fünfjährige Fachkataloge.*
V. *Forst-, Haus-und Landwirthschaft ;* Reudnitz, Baldamus,
1871 ; in-8°, 2 ff. et 78 pp.).

Les travaux sur la Culture de la vigne, sans distinction de
langue, représentant environ 1500 articles, ont été inventoriés
par A. Blankenhorn, E. Wagenmann et autres, dans une *Bibliotheca OEnologica* (Heidelberg, Winter, 1875 ; gr. in-8°, 1 f. et
98 pp.), qui n'est qu'un extrait tiré à part des *Annalen der OEno-
logie,* où depuis on a inséré trois suppléments à cette curieuse
monographie.

Enfin, il y a lieu de mentionner une deuxième édition, augmentée, de l'ouvrage de Louis Bouchard-Huzard : *Bibliographie.
Ouvrages publiés jusqu'à ce jour sur les constructions rurales et
sur la disposition des jardins* (Paris, Vve Bouchard-Huzard,
1871 ; in-8°, 106 pp.).

7. — *Sciences mathématiques et physiques.*

Plusieurs bibliographies nationales, plus ou moins développées,
sont à signaler dans cette section.

Sous le titre de *Bibliotheca mathematica,* A. Erlecke a donné
un excellent catalogue systématique des travaux allemands
dans le domaine des Mathématiques pures, de l'Astronomie, de
la Navigation, de la Mécanique, etc , publiés depuis l'origine
jusqu'en 1870 (Halle a. S., Erlecke, 1872 ; in-8°, 4 ff. et 307 pp.).
On l'a rajeuni depuis (London, Erlecke, 1875) au moyen d'un

titre trompeur indiquant que cette bibliographie y est poursuivie jusqu'en 1875.

A. Büchting a publié en même temps une *Bibliotheca astronomica et meteorologica* (Nordhausen, Büchting, 1872; in-8°, 55 pp.), pour les travaux allemands dans ces spécialités mis au jour de 1862 à 1871.

Le Dr Pietro Riccardi a doté l'Italie d'un ouvrage précieux, intitulé : *Bibliotheca matematica italiana dalla origine della stampa ai primi anni del sec.·XIX* (Modena, (1870-)1872; in 8°, xxix pp., 3 ff., 650 col., 2 ff. et 16 col.), dressé par ordre alphabétique des noms d'auteurs, et la littérature polonaise s'est enrichie, à l'occasion du quatrième centenaire de la naissance du célèbre astronome Kopernik, d'une bibliographie nationale raisonnée des sciences mathématiques et physiques, rédigée avec le plus grand soin par le Dr Théophile Zebrawski et publiée sous les auspices du comte Jean Dzialynski, bibliophile éminent et protecteur zélé des lettres et des sciences (*Bibliografia pismiennictwa polskiego z dzialu matematyki i fizyki oraz ich zastosowan;* Krakow, druk. Uniwersytetu, 1873; in-8°, iii-617 pp. et 4 pl.); classée par ordre chronologique, elle embrasse tous les travaux en langue polonaise, depuis le xiiie siècle jusqu'en 1830.

Il y a aussi lieu de mentionner, pour l'hydrographie française, de nouvelles éditions de deux publications faites par le Ministère de la marine et des colonies ; l'une est un *Catalogue, par ordre géographique, des cartes, plans, vues des côtes, mémoires, instructions nautiques,* etc., *qui composent l'Hydrographie française* (Paris, P. Dupont, 1869; gr. in-8°, viii-298 pp., réimprimé et complété en 1873; Paris, (Challamel); in-8°, viii-296 pp.); l'autre offre le même *Catalogue,* mais classé par ordre chronologique (*ibid.,* 1869; gr. in-8°, 2 ff. et 244 pp., réimprimé et complété en 1873; Paris, (Challamel); in-8°, viii-286 pp.).

8. — Art militaire.

Le lieutenant-général baron Théodore von Troschke a publié un excellent travail de bibliographie des publications sur l'art militaire depuis environ 1815 jusqu'en 1868 (*Die Militair-Litteratur seit der Befreiunskriege;* Berlin, Mittler, 1869; in-8°, xxii-346 pp.), qui peut être considéré comme faisant suite à une bibliographie générale de la littérature militaire depuis l'invention de l'imprimerie jusqu'en 1822, par Rumpf (*Littérature universelle des sciences militaires,* etc.; Berlin, 1824; in-8°), mais qui n'exclut pas le travail partiel antérieur, fait avec beaucoup de compétence, par F. L. Scholl. (*Tableau systématique de la littérature militaire*, etc.; Darmstadt, 1842 ; gr. in-8°), et qui embrasse les écrits publiés de 1830 à 1841.

Le libraire Baldamus a compris aussi dans la série de ses catalogues spéciaux les écrits allemands relatifs aux sciences militaires publiés de 1865 à 1869, et ensuite ceux de 1870 à 1874 (*Fünfjährige Fachkataloge. I. Kriegswissenschaft* ; Reudnitz, 1870 ; in-8°, 3 ff. et 64 pp. ; — suite : Leipzig, Hinrichs, 1875 ; in-8°, 2 ff. et 110 pp.).

9. — Génie, Technologie, Arts industriels.

R. von Zahn a donné une bibliographie des publications allemandes, françaises et anglaises, faites de 1865 à 1870, dans le domaine de l'Architecture, du Génie civil et des Arts industriels (*Die Literatur der letzten fünf Jahre*, etc.; Dresden, Schönfeld, 1870; gr. in-8°, 2 ff. et 173 pp.), qui a été continuée ensuite par la librairie Gerold jusqu'en 1876 (*Die Literatur der letzten sieben Jahre*, etc. ; Wien, Gerold, 1877 ; gr. in-8°, vii-242 pp.). Ces deux ouvrages font suite à une bibliographie antérieure, rédigée par le même R. von Zahn, et contenant les publications des années 1855 à 1864 (Wien, Gerold, 1864 ; in-8°), laquelle se rattache à un travail plus général sur les mêmes matières, qui comprend les ouvrages en toutes les langues européennes, publiés de 1821 à 1851, et que l'on doit à A. Malberg (Berlin, 1852; in-8°).

Dans la série déjà mentionnée de catalogues spéciaux de Baldamus, on trouve un catalogue d'écrits allemands sur la Construction des machines et sur les Chemins de fer, de 1865 à 1869 (*Bau-Maschinen und Eisenbahnkunde* ; Reudnitz, 1870; in-8°, 3 ff. et 68 pp.), avec une suite pour ceux publiés de 1870 à 1875 (Leipzig, Hinrichs, 1875 ; in-8°, 1 f. et 86 pp.). Il en est de même des Sciences commerciales et des Arts industriels, mais seulement pour la période de 1865 à 1869 (*Handelswissenschaft und Gewerbskunde* ; Reudnitz, 1870; in-8°, 2 ff. et 40 pp. ; 1 f et 46 pp.).

En ce qui concerne la littérature technologique, l'Allemagne s'est enrichie d'un ouvrage très soigné de Bruno Kerl, pour les travaux publiés de 1854 à 1868 (*Repertorium der Technischen Literatur* ; Leipzig, Felix, 1870-73 ; 2 vol. in-8°, iv-696 et lxix-656 pp.), qui fait suite au *Repertorium* de Schubarth, contenant l'inventaire des écrits allemands des années 1823 à 1853, lequel à son tour a pour ascendants les travaux de Rosenthal, de Krieger et de Leuchs. Kerl a donné ensuite, toujours sous les auspices du Ministère du commerce et des travaux publics de Prusse, une continuation de son ouvrage jusqu'en 1873 (*ibid.*, 1875; in-8°, VIII-1088 pp.), et, depuis, des suppléments annuels, jusques et y compris l'année 1876 (*ibid.*, 1875-77; 3 vol. in-8°, VIII-150; VIII-178 et XIV; VIII-210 pp.).

On doit encore à la librairie Quandt et Händel, de Leipzig, la publication d'une monographie bibliographique des travaux allemands et étrangers ayant vu le jour de 1866 à 1870, et relatifs à l'exploitation des Mines, à la Métallurgie, à la Minéralogie, à la Géognosie, à la Géologie et à la Paléontologie, y compris les écrits périodiques et les cartes (*Montanistische Bibliothek*, etc.; Leipzig, 1871; in-8°, XVI-71 pp.).

Enfin, la Hollande possède aujourd'hui une bibliographie nationale de sa littérature dans le domaine des sciences techniques et des arts, de 1850 à 1875, grâce à R. van der Meulen (*Bibliografie der Technische Kunsten en Wetenschappen*; Amsterdam, Brinkman, 1876; gr. in-8°, 2 ff. et 226 pp.).

BEAUX-ARTS.

Dans cette section vient se placer en première ligne la *Bibliographie méthodique et raisonnée des beaux-arts* (*esthétique et histoire de l'art, archéologie, architecture, sculpture, peinture, gravure, arts industriels*, etc., etc.), par Ernest Vinet, bibliothécaire de l'École nationale des Beaux-Arts, mort au moment de la publication de la seconde livraison de cet ouvrage qui doit en avoir quatre (Paris, Firmin-Didot, 1874-1878; in-8°, XII-288 pp. à 2 col.). Ayant eu l'honneur d'être associé à cette œuvre considérable et difficile, je serais mal placé pour proclamer sa haute valeur scientifique, si je n'avais pas été devancé dans l'expression de ce jugement par le sentiment unanime des critiques compétents. C'est la première bibliographie des beaux-arts vraiment critique, et qui peut servir de modèle à d'autres bibliographies spéciales de l'avenir. Elle embrasse les publications les plus importantes de tous les pays, et les deux livraisons mises au jour donnent l'indication ou l'analyse de 2,362 ouvrages. Elle sera achevée, en partie à l'aide même des matériaux laissés par le défunt.

A côté de cette bibliographie savante, il y a lieu de signaler l'*Universal Catalogue of Books on Art* (London, Champan et Hall, 1870; 2 part. en 1 vol. gr. in-8°, IX, XVI-2188 pp.), publié par le comité d'éducation auprès du Musée South Kensington. C'est une simple liste alphabétique de titres, trop abondante même, car elle offre souvent l'indication des ouvrages qui n'ont qu'un rapport fort éloigné avec les beaux-arts. Ayant été fait avec le concours de toutes les personnes de bonne volonté qui ont répondu à l'appel du comité, ce catalogue se ressent de cette collaboration sans contrôle, mais comme il n'a été publié que sous forme d'épreuves à corriger (*the first proofs*), on n'est pas en droit de se montrer trop sévère pour ce premier essai, et il n'y a qu'à louer l'excellente initiative de ses promoteurs.

Les deux ouvrages dont je viens de parler ne s'occupent que des arts plastiques, mais la musique est largement représentée, d'autre part, dans la série des travaux bibliographiques de notre période décennale. Le plus important est le *Manuel de la littérature musicale* d'A. Hofmeister (*Handbuch der musikalischen Literatur*, etc.; Leipzig, Hofmeister, 1868; in-4º, 561 pp.), qui embrasse les publications musicales ou sur la musique faites en Allemagne et dans les pays voisins de 1860 jusqu'à la fin de 1867. Ce travail, remarquable sous tous les rapports, forme le viᵉ volume du grand *Manuel* de Whistling, remontant à l'origine de l'imprimerie, et dont une troisième édition, complétée et continuée jusqu'en 1859, avait été donnée par le même A. Hofmeister de 1844 à 1860.

Dans un cadre plus restreint, il y a à mentionner la *Bibliotheca musica* d'Adolphe Büchting, qui ne s'occupe que des écrits publiés en Allemagne de 1865 à 1871 (Nordhausen, Büchting, 1872; pet. in-8º, 48 pp.), et qui fait suite à l'ouvrage du même auteur pour les années 1847 à 1866 (*ibid.*, 1867; pet. in-8º). Elle est classée par ordre alphabétique et pourvue d'une table systématique. Une bibliographie semblable, mais classée méthodiquement, est représentée par le *Musikalischer Wegweiser*, dont le point de départ est l'année 1857, et qui, depuis son apparition en 1867, a successivement été complété, de sorte que, dans sa quatrième édition (Leipzig, Pfeil, 1872; gr. in-8º, 1f. et 45 pp.), il va jusqu'à la fin de l'année 1871.

En fait de monographies du domaine de la bibliographie musicale, il y a à enregistrer d'abord un travail sur la musique religieuse, divisé en trois parties : la première embrasse toutes les compositions musicales pour orgue, et tous les livres relatifs à cet instrument; la seconde, tout ce qui a rapport à la musique chorale; la troisième est consacrée à l'indication des oratorios, de messes en musique, etc. (*Musica sacra. Vollständiges Verzeichniss*, etc.; Erfurt, Körner, 1867-1872; 3 part. gr. in-8º, 56 pp. et supplément de 16 pp.; 47 et 26 pp.); ensuite un catalogue des éditions modernes des œuvres musicales composées depuis les temps les plus reculés jusqu'à l'année 1800, rédigé par Rob. Eitner (Berlin, Trautwein, 1871; gr. in-8º, 2 ff. et 208 pp.).

BELLES-LETTRES.

Dans cette section, c'est encore la philologie et la linguistique qui comptent le plus de travaux bibliographiques. Wilhelm Engelmann a donné un second supplément, pour une période de vingt ans, depuis le milieu de l'année 1849 jusqu'au milieu de 1868 (*Bibliothek neuer Sprachen*, etc. ; Leipzig, Engelmann, 1868 ; gr. in-8°, iv-210 pp.), faisant suite à sa *Biblioteca philologica*, qui offre l'inventaire de tous les travaux allemands publiés sur les langues européennes depuis le commencement du siècle (Leipzig, 1842-50 ; 2 part. in-8°).

D'un autre côté, Ch.-H. Herrmann a entrepris dans ce domaine un travail plus étendu, dont le titre général est aussi *Bibliotheca philologica*. La première partie est consacrée aux publications allemandes des années 1850 à 1868 sur la littérature de l'Orient et la philologie comparée (*Bibliotheca orientalis et linguistica* ; Halle a. S., Herrmann, 1870 ; in-8°, 3 ff. et 184 pp.) ; — la seconde partie s'occupe des travaux sur la littérature classique, grecque et latine, de 1858 à 1869 (*Bibliotheca scriptorum classicorum*, etc. ; *ibid.*, 1871 ; in-8°, 2 ff. et 221 pp.); le Dr R. Kluszmann a publié pour cette partie une continuation jusqu'au milieu de l'année 1873 (*ibid.*, 1874 ; in-8°, 2 ff., xxi-181 pp.) ; — la troisième partie embrasse les publications allemandes, depuis 1852 jusqu'au milieu de l'année 1872, relatives à la philologie et à la linguistique en général (*Verzeichniss*, etc. ; (1873-)1874 ; in-8°, 2 ff. et 229 pp.), et offre des additions et des rectifications aux deux parties précédentes ; — enfin, la quatrième partie est spéciale à la philologie allemande (*Bibliotheca Germanica*, etc. ; *ibid.*, 1876 ; in-8°, pp. 1 à 96).

Une mention rapide est due à la *Bibliographie des ouvrages écrits en patois du midi de la France et des travaux sur la langue romano-provençale*, par Rob. Reboul (Paris, Techener, 1877; in-8°, 89 pp.), publiée d'abord dans le *Bulletin du Bibliophile*.

M. Ch. Asselineau a très bien traité un chapitre spécial dans sa *Bibliographie romantique*, contenant un *Catalogue anecdotique et pittoresque* des éditions originales des œuvres des principaux écrivains français de l'école romantique (Paris, Rouquette, 1867 ; — 2e édit., revue et très augmentée; *ibid.*, 1872; in-8°, xxxii-335 pp., y compris un *Appendice* (1874).

Grâce à W. Carew Hazlitt, la littérature anglaise s'est enrichie d'une curieuse *Bibliography of the Popular, Poetical, and Dramatic Literature of England previous to* 1660 (London, Smith, 1869 ; in-8°,716 pp.), et Ad. Büchting a donné une seconde continuation, de 1865 à 1869, à son *Catalog* des œuvres d'imagination de la littérature allemande (romans, nouvelles, pièces de théâtre, etc.), catalogue remontant à l'année 1850 (Nordhausen, Büchting, 1870; in-8°, VII-224 pp.).

Enfin, G.-A.-F. Van Rhyn a publié un catalogue raisonné de ce que les littératures anglaise et américaine offrent de plus intéressant dans les belles-lettres, pendant cinq ans, de 1870 à 1874 (*What and how to read : a Guide to recent English Literature*, etc.; New-York, Appleton, 1875; in-16°, xxx-221 pp.).

HISTOIRE.

Je ne m'occuperai dans ce chapitre que des travaux généraux d'histoire nationale, en me réservant de parler des autres aux monographies bibliographiques.

M. Alfred Franklin, bibliothécaire à la Mazarine, nous a donné, sous ce titre : *Les Sources de l'histoire de France* (Paris, Firmin-Didot, 1877; gr. in-8°, 2 ff., XVII pp., 1 f. et 681 pp.), une bibliographie analytique des inventaires et des recueils de documents relatifs à l'histoire de France, au point de vue politique, ecclésiastique, juridique, généalogique, financier, littéraire et scientifique. Une table alphabétique des matières, très détaillée, permet de tirer un excellent parti de ce travail fort utile, mais dont l'étendue aurait pu être réduite de moitié par l'emploi d'une autre méthode bibliographique.

Un ouvrage semblable pour l'histoire d'Allemagne est celui de F.-C. Dahlmann, remanié par G. Waitz à partir de la 3ᵉ édition (1869), et mis au courant des travaux du jour dans l'édition suivante qui compte 3,215 articles (*Quellenkunde der Deutschen Geschichte*, etc.; Göttingen, Dieterich, 1875; in-8°, xx-295 pp.). Il mérite des éloges sans restriction.

La Suisse peut s'enorgueillir d'un bon travail d'Egbert-Fr. von Mülinen, consacré à la bibliographie raisonnée des travaux historiques sur tous ses cantons, contenant treize cents notices (*Prodromus einer schweizerischen Historiographie*, etc.; Bern, Huber, 1874; in 4°, IX-240 pp.).

En Italie, Luigi Manzoni a entrepris un ouvrage analogue pour l'histoire de son pays, ouvrage qui doit former quatre volumes. A en juger par le premier, consacré à l'histoire municipale (*Bibliografia statutaria e storica italiana... Vol. I. Leggi Municipali* (parte I); Bologna, Romagnoli, 1876; gr. in-8°, xxv pp., 1 f. et 571 pp.), ce travail sera très précieux pour les historiens.

En Hollande, la collaboration de plusieurs savants, tels que R. Fruin, J.-T. Bodel Nijenhuis, J.-E.-H. Hooft van Iddekinge, W.-J.-C. Rammelman Elsevier, W.-N. du Rieu et J. de Wal, a produit un excellent volume, contenant un répertoire de travaux relatifs à l'histoire des Pays-Bas, disséminés dans les journaux et revues jusqu'en 1870 (*Repertorium der verhandelingen en bijdragen, betreffende de Geschiedenis des Vaterlands*, etc.; Leiden, Steenhoff, 1872; gr. in-8º, XVI-271 pp.).

Il faut y ajouter un ouvrage de J.-C. Hooykaas, revu par W.-N. du Rieu, contenant une bibliographie systématique des travaux relatifs aux colonies hollandaises, insérés dans les journaux et revues des Pays-Bas et de ses possessions d'outre-mer, depuis 1595 jusqu'en 1865 (*Repertorium op de Koloniale Litteratuur*, etc.; Amsterdam, van Kampen, (1874)-1877 ; gr. in-8º,XII,VIII-652 pp.); il peut servir de complément à l'intéressante monographie faite par G.-M. Asher sur le même sujet, mais qui ne s'occupe que des écrits publiés séparement, et des cartes, plans, etc. (*A Bibliographical and historial Essay on the Dutch Books and Pamphlets relating to New-Netherland and to the Dutch West-India Company, and to its possessions in Brazil, Angola*, etc. ; Amsterdam, Müller, 1854-67; in-4º, LII-238, 22 et 23 pp., avec 3 grav. et 1 carte).

Ed. Winkelmann a publié une bibliographie systématique des travaux relatifs à l'histoire des provinces baltiques (*Bibliotheca Livoniæ historica*, etc.; Saint-Pétersbourg, (1869-) 1870; gr. in-4º, x-404 pp.), qui a obtenu un succès légitime, et dont il vient de paraître une seconde édition, très augmentée (Berlin, Weidmann, 1878 ; gr. in-8º, XVIII-608 pp.). Enfin, grâce aux travaux d'une certaine périodicité de M. Vladimir Méjov, nous avons la bibliographie des publications locales relatives à la géographie, à la statistique et à l'ethnographie russes, depuis 1859 jusqu'en 1874 (6 vol. in-8º), et pour l'histoire de la Russie, une autre bibliographie de 1859 à 1868 ; sous ce dernier rapport, il y a aussi un travail semblable annuel, par les frères Lambine, dont le neuvième volume, consacré aux publications de l'année 1863, a paru en 1877.

IV.

MONOGRAPHIES BIBLIOGRAPHIQUES.

Notre période décennale a vu surgir un grand nombre de monographies bibliographiques, soit publiés séparément, soit insérées dans des revues ou dans des recueils de travaux, soit accompagnant des ouvrages consacrés à une spécialité, à une question ou à un écrivain. Très souvent ces monographies sont enrichies de notes critiques et littéraires, très précieuses, et on ne saurait trop encourager ce genre de travaux, dans les limites duquel la bibliographie vraiment savante peut se développer à son aise et rendre d'énormes services. Je ne m'occuperai ici que des monographies séparées. Elles se partagent en plusieurs catégories : les unes ont pour sujet une branche quelconque d'une spécialité plus large, branche restreinte à une seule contrée ; d'autres ne s'occupent que d'un ou de plusieurs écrivains, envisagés tantôt au point de vue de leurs œuvres personnelles, tantôt à celui de leur rayonnement dans la littérature universelle ; d'autres, enfin, sont consacrées à une région, à tous les points de vue. Nous les passerons en revue successivement, autant que possible dans l'ordre même des grandes divisions scientifiques, pour les deux premières catégories.

SCIENCES.

La philosophie est redevable à Ezra Abbot d'un curieux travail de bibliographie raisonnée touchant l'*Ame, son origine et ses destinées futures*, classée dans l'ordre chronologique des publications, méthode excellente au point de vue du développement historique de cette question, la plus importante de toutes pour le genre humain ; elle est, en outre, accompagnée de tables alphabétiques et systématiques indispensables pour les recherches (*The Literature of the Doctrine of a Future Life : or, a Catalogue of Works*, etc.; New-York, 1872 ; in-8°, 913 pp.).

Un zélé admirateur de **Montesquieu**, M. Louis Vian, caché sous le pseudonyme de Dangeau, a consacré au célèbre publiciste une excellente étude bibliographique (*Montesquieu. Bibliographie de ses œuvres*; Paris, Rouquette, 1874 ; in-8°, 33 pp.).

Trois écrivains du domaine de la science ont été l'objet de travaux spéciaux de bibliographie : **Galilée, B. Spinoza** et **Darwin**. P. Riccardi s'est occupé du premier (*Bibliografia Galileiana*; Modena, tip. Gaddi, 1872 ; in-4°, 72 pp.) ; le Dr A. Van der Linde a consacré au second une monographie sérieuse, composée de 441 articles (*Benedictus Spinoza Bibliografie*; 's Gravenhage, Nijhoff, 1871 ; gr. in-8°, VIII, II-113 pp.) ; le troisième a trouvé son bibliographe en la personne de J.-W. Spengel (*Die Darwinsche Theorie. Verzeichniss*, etc.; Berlin, Wiegandt et Hempel, 1872 ; gr. in-8', 2 ff. et 36 pp.; 2° édit., augmentée).

Les hygiénistes et les amateurs seront peut-être bien aises d'apprendre que William Bragge a donné une bibliographie des écrits relatifs au *Tabac*, publiés depuis 1547 jusqu'en 1872, sans distinction de langue, au nombre de 163 (*Bibliotheca Nicotiana*, etc.; Shirle Hill, Sheffield, 1874 ; pet. in-8°, 46 pp.), à laquelle M. O. Verlage a ajouté un complément pour les publications faites en Allemagne, dans le *Neuer Anzeiger,* de Petzholdt, année 1875 (pp. 132-139 et 262-269).

BEAUX-ARTS.

L'iconographie étant exclue du cadre de ce rapport, je passerai sous silence les nombreux catalogues descriptifs d'œuvres d'artistes, peintres, sculpteurs ou graveurs, et je n'en excepterai que les bibliographies de Michel-Ange, publiées à l'occasion de son centenaire, car elles enregistrent aussi les écrits relatifs à l'immortel artiste florentin et dont le nombre est considérable.

Le savant Luigi Passerini lui a consacré un gros volume, contenant, entre autres, une bibliographie biographique de ce maître, classée à tort par ordre alphabétique et dépourvue d'une table méthodique (*La Bibliografia di Michelangiolo Buonarroti,* etc. ; Firenze, tip. M. Cellini, 1875 ; in-4°, XII-332 pp.). M. Anatole de Montaiglon a cherché à remédier au défaut de méthode de ce travail, et il a donné, à son tour, un *Essai de bibliographie Michelangelesque,* classé dans l'ordre systématique (*Gazette des Beaux-Arts,* janvier 1876, pp. 301-312).

M. Gr. Ghennady a publié un catalogue de livres d'architecture en langue russe (*Spisok arkhitektournykh sotchiniénii,* etc.; Saint-Pétersbourg, 1873 ; gr. in-8°, 33 pp.), tirage à part d'un article inséré dans une revue russe d'architecture.

Au point de vue de la gravure dans les livres, il n'a paru depuis dix ans que des monographies relatives à l'art français, telle que le *Guide de l'amateur des livres à vignettes du XVIII° siècle,* par Henri Cohen (Paris, Rouquette, 1870 ; in-8°, XX-156 pp. et 2 ff.), augmenté du double d'articles à la seconde édition (*ibid.,* 1873 ; in-8°, XVI-273 pp.), et développé dans des proportions considérables à la troisième édition, entièrement refondue par M. Ch. Mehl (*ibid.,* 1877 ; in-8°, XXI-618 pp.). Comme pendant de ce Guide fort utile, se place un excellent travail de M. le baron Roger Portalis sur *Les Dessinateurs d'illustrations au XVIII° siècle* (Paris, Morgand et Fatout, 1877 ; 2 vol. in-8°, XXXII-792 pp.), qui doit être suivi d'un travail semblable sur *les Graveurs d'illustrations* à la même époque.

Je signalerai encore un petit volume fort curieux de Ferd. Pouy : *Recherches sur les almanachs et calendriers artistiques, à estampes, à vignettes, à caricatures, etc., principalement du XVI° au XIX° siècle, avec notices bibliographiques,* etc. (Amiens, imp. Glorieux ; Paris, Claudin, 1874 ; in-8°, 147 pp.).

A. Sujets généraux.

A l'actif de la littérature française il y a à inscrire la *Bibliographie de la Chanson de Roland*, par M. J. Bauquier (Heilbronn, Henninger, 1877 ; in-8º, 24 pp.), qui offre une liste à peu près complète de tout ce qui a été publié sur cette belle épopée du moyen âge, et un remarquable *Essai d'une bibliographie raisonnée de l'Académie française*, par M. René Kerviler (Paris, librairie de la Société bibliographique, 1877 ; in-8º, 111 pp.), travail qui a d'abord été inséré dans le *Polybiblion*.

Je suis bien obligé de citer aussi une monographie fort épicée, publiée sous le pseudonyme du comte d'I***, et qui, au bout de dix ans, est arrivée à la troisième édition, formant six volumes (*Bibliographie des ouvrages relatifs à l'amour, aux femmes, au mariage, et des livres facétieux, pantagruéliques, scatologiques, satyriques*, etc.; Turin et Sań Remo, Gay, 1871-73 ; 6 vol. pet. in-8º).

Il paraît que les lauriers de M. le comte d'I. (lisez Jules Gay) empêchaient de dormir M. H. Nay qui a doté la littérature allemande d'un ouvrage analogue, mais dans des proportions moins vastes (*Bibliotheca Germanorum erotica. Verzeichniss der gesammten deutschen erotischen Literatur*, etc.; Leipzig (Minde), 1875 ; in-8º, 2 ff. et 152 pp.).

Le Dr Ch. Estreicher, dont nous avons déjà parlé, a publié une bibliographie du théâtre polonais, original ou traduit, de 1750 à 1871 (*Repertoar sceny polskiej*, etc.; Krakow, Friedländer, 1871; in-8º, 76 pp.), plaquette fort curieuse pour l'histoire littéraire générale (tirée à 50 ex.).

Le Dr J.-J. Hanusz, bibliothécaire de l'Université de Prague, a doté son pays d'une importante monographie consacrée aux travaux touchant l'histoire des littératures tchèque et slovène, de 1348 jusqu'en 1868 (*Quellenkunde und Bibliographie der Böhmisch-Slovenischen Literaturgeschichte...* ; Prag, Tempsky, 1868 ; gr. in-8º, 2 ff. et 254 pp.).

Enfin, on est redevable au zèle et à l'activité de M. Vladimir Méjov, d'un précieux volume de *Bibliographie de la littérature russe et générale* de 1855 à 1870 (*Istoria rouskoï i vsiéobstchéi slovesnosti : Bibliografitcheskiié materiali* ; Saint-Pétersbourg, 1872 ; in-8º, XXIII-710 pp. à 2 col.), contenant un catalogue méthodique de 15,705 articles, qui embrasse tous les écrits publiés en langue russe pendant seize ans tant sur ce qui touche à l'histoire littéraire nationale, que sur ce qui se rapporte à celle du monde entier. Un grand nombre de ces articles sont accompagnés de curieuses annotations.

B. Monographies individuelles.

1. — Allemagne.

L'Allemagne ne s'est encore occupée, dans ce genre de travaux bibliographiques, que de ses trois grands littérateurs : **Lessing, Gœthe** et **Schiller**. Salomon Hirzel, qui avait déjà publié sur Gœthe deux essais bibliographiques (en 1848 et en 1862), a complété sa monographie dans une nouvelle édition (*Neueste Verzeichniss einer Göthe-Bibliothek*, 1767-1874 ; Leipzig, Breitkopf et Härtel, 1874 ; in-8°), à laquelle le baron Woldemar von Biedermann fit de nombreuses additions dans l'*Archiv für Literaturgeschichte*, tome VI (1876), pp. 179-214. D'un autre côté, le *Neuer Anzeiger für Bibliographie* insère tous les ans, depuis 1868, la liste de tous les écrits nouveaux relatifs à Gœthe, Lessing et Schiller. Ludwig Unflad, après avoir fait paraître séparément une bibliographie de tout ce qui a paru en Allemagne sur Gœthe, de 1781 à 1877 (*Die Göthe-Literatur in Deutschland*, etc.; München, Unflad, 1878 ; gr. in-8°, 2 ff. et 57 pp.), et une autre sur Schiller (*Die Schiller-Literatur*, etc.; *ibid.*, 1878 ; gr. in-8°, 2 ff. et 49 pp.), les a refondues ensemble dans une seconde édition (*Die Schiller-und Göthe Literatur in Deutschland*, etc.; *ibid.*, 1878 ; gr. in-8°, 2 ff. et 105 pp.). Néanmoins ce ne sont toujours que des listes, plus ou moins complètes et exactes, mais nullement des bibliographies savantes.

2. — Angleterre.

En passant à l'Angleterre, on ne peut songer qu'à **Shakespeare**, le seul pouvant fournir matière à un travail bibliographique d'une certaine étendue.

Sous le titre de *Shakspeariana*, Fr. Thimm avait publié, en 1865, une bibliographie de toutes les éditions du grand dramaturge, ainsi que de tout ce qui a été écrit sur lui, dans le monde entier, depuis 1564 jusqu'en 1864. Dans une seconde édition (London, Thimm, 1872 ; gr. in-8°, 4 ff. et x, 81 et 119 pp.), il l'a continuée jusqu'en 1871.

Depuis l'année 1865, date de la publication du premier Annuaire de la Société allemande d'admirateurs de Shakespeare (*Jahrbuch der Deutschen Shakespeare-Gesellschaft*; Berlin,

Reimer), chaque volume presque de cet Annuaire contient une bibliographie Shakespearienne contemporaine, empruntée aux littératures de tous les pays et consciencieusement recueillie par M. Albert Cohn.

Une mention est due à un ouvrage de luxe publié par les soins de J. Winsor, directeur de la bibliothèque de Boston (*A Bibliography of the original Quartos and Folios of Shakspeare, with particular reference to copies in America;* Boston, 1875; in-4°, avec 62 fac-sim.), et aussi à un petit opuscule de Karl Knortz : *An American Shakespeare bibliography* (Boston, Schoenhoff et Mœller, 1876; in-16, 16 pp.).

3. — Espagne.

Les deux plus grands écrivains de l'Espagne, **Lope de Vega** et **Cervantès**, ont trouvé leur bibliographe en la personne d'E. Dorer, mais à un point de vue par trop restreint, car ses monographies se bornent aux seuls travaux allemands (*Die Cervantes-Literatur in Deutschland. Bibliographische Uebersicht*; Zurich, Orell et Füssli, 1877; gr. in-8°, 29 pp. — *Die Lope de Vega-Literatur in. Deutschland*, etc.; *ibid.*, 1877 ; gr. in-8°, 19 pp.).

4. — France.

La France est la mieux partagée au point de vue de monographies bibliographiques consacrées à ses gloires littéraires, non-seulement par leur nombre, mais surtout en raison de leur valeur scientifique. Nous les examinerons dans l'ordre chronologique des écrivains qui en ont été l'objet.

Corneille. — *Bibliographie Cornélienne*, etc., par Emile Picot. Paris, Fontaine, 1875. In-8°, xv-552 pp. et portrait.

M. E. Picot est un modèle de bibliographes, et ceux qui désirent conquérir une place dans cette spécialité n'ont qu'à marcher sur ses traces. Il se fait un devoir de creuser profondément le sujet qu'il aborde, de sorte qu'il n'y a presque rien à glaner derrière lui. La bibliographie raisonnée qu'il a consacrée au créateur de l'art dramatique en France est un chef-d'œuvre du genre, et, grâce à l'abondance et à l'attrait de ses notes critiques et littéraires, son ouvrage cesse d'être purement un livre de consultation, pour devenir un livre de lecture, chose d'une insigne rareté dans le domaine de la bibliographie.

Molière. — *Bibliographie Moliéresque*, etc., par Paul Lacroix (Bibliophile Jacob). Paris, Fontaine, 1875. In-8°, xix-412 pp. et portrait.

Il serait superflu d'insister sur les services éminents rendus à la bibliographie par l'infatigable conservateur de la Bibliothèque de l'Arsenal. Il y a déjà six ans (1872) que le plus grand auteur comique des temps modernes fut de sa part l'objet d'une monographie bibliographique, dont l'ouvrage ci-dessus offre une seconde édition, qui surpasse de beaucoup le premier essai, et qui, tant par ses annotations que grâce à son caractère d'universalité, occupera une place d'honneur avec la *Bibliographie Cornélienne*. N'oublions pas non plus que M. Lacroix a consacré un travail spécial à l'*Iconographie Moliéresque*, arrivée aussi à sa seconde édition (*ibid.*, 1876; in-8°).

Racine. — *Les Éditions illustrées de Racine*, etc., par A.-J. Pons. Paris, Quantin, 1878. In-8°, 91 pp. et 2 portraits.

Le titre indique assez que le cadre de cette monographie est très restreint. Certes c'est un bon commencement, mais nous attendons néanmoins une *Bibliographie Racinienne* très complète, qui nous a été promise par M. E. Picot.

Regnard. — *Bibliographie et iconographie des œuvres de J.-F. Regnard*. Paris, Rouquette, 1877. Pet. in-12', 66 pp.

Prévost (l'abbé). — *Histoire du chevalier de Grieux et de Manon Lescaut. Bibliographie et notes pour servir à l'histoire du livre.*. Par Henry Harrisse. Paris, Rouquette, 1875. In-8°, 65 pp.

Ce premier essai bibliographique dont le sujet est fourni par un seul livre, mais dont le succès ne fait que grandir, a eu les honneurs bien mérités d'une seconde édition, revue et augmentée (*Bibliographie de Manon Lescaut et notes pour servir*, etc. ; Paris, Morgand et Fatout, 1877; in-8°, 80 pp.)..

Marivaux. — *Théâtre de Marivaux. Bibliographie des éditions originales et des éditions collectives données par l'auteur*. Par A. Poulet-Malassis. Paris, Rouquette, 1875. In-8°, III-32 pp.

Restif de la Bretonne. — *Bibliographie et iconographie de tous les ouvrages de Restif de la Bretonne*. Par Paul Lacroix (Bibliophile Jacob). Paris, Fontaine, 1874. In-8°, xv-514 pp. et portrait.

On peut se demander si ce travail énorme n'est pas hors de proportion pour le sujet qu'il traite, et s'il n'eût pas mieux valu l'appliquer à un écrivain dont l'influence a été plus bienfaisante sur la société, comme par exemple au bon Lafontaine, au profit duquel nous avons même l'engagement public de M. Lacroix.

Surville (Marguerite-Clotilde de). — On a rompu bien des lances pour ou contre l'authenticité des poésies attribuées à Clotilde de Surville, qui aurait vécu au xv° siècle, poésies reconnues définitivement pour être un élégant pastiche de la fin du siècle dernier. M. Henry Vaschalde y a trouvé la matière d'une *Bibliographie*

Survillienne, contenant la *Description de tout ce qui a été écrit sur Clotilde de Surville* (Paris, Aubry, 1876; in-8°, 23 pp. — Extrait du Bulletin de la Société des sciences naturelles et historiques de l'Ardèche). Un premier essai de ce travail avait déjà été tenté par M. l'abbé ***, sous ce titre : *Marguerite de Surville. Etude bibliographique* (Paris, Douniol, 1875. In-8°, 16 pp.).

Béranger. — Le grand chansonnier a trouvé son bibliographe en la personne de P. Jules Brivois (*Bibliographie de l'œuvre de P.-J. de Béranger ;* Paris, Conquet, 1876; in-8°, 129 pp.).

Mérimée (Prosper) et **Gautier** (Th.) — M. Maurice Tourneux a consacré une étude bibliographique à chacun de ces deux charmants écrivains (*Prosper Mérimée. Sa bibliographie ;* Paris, Baur, 1876; in-8°, 32 pp. — *Théophile Gautier. Sa bibliographie; ibid.*, 1876; in-8°, 45 pp. et portrait.).

5. — Italie.

Lorsqu'on aborde les grands écrivains de l'Italie, la première place appartient au **Dante**. Bien des travaux ont déjà été consacrés à la bibliographie des œuvres manuscrites et imprimées de ce poète, dont le plus important est celui de Colomb de Batines, continué jusqu'en 1865 par D.-C.-F. Carpellini. Une nouvelle suite a été donnée par le Dr J. Petzholdt, dans la *Bibliographia Dantea ab anno* 1865 *inchoata* (Dresdæ, Schönfeld, 1876; gr. in-8°, VI-90 pp. et 2 ff., 32 pp.), où ont été refondus trois premiers essais, imprimés en 1868, 1869 et 1872, ainsi que trois suppléments insérés dans le *Neuer Anzeiger für Bibliographie.* C'est aussi dans cette petite revue que le Dr J.-A. Scartazzini a publié deux chapitres d'additions à la monographie du Dr Petzholdt (1876, pp. 340-344, 372-381, et 1877, pp. 86-91).

La patrie du Dante n'a pas voulu rester en arrière, et le Prof. Giuseppe-Jacopo Ferrazzi, dans son *Manuale Dantesco* (Bassano, 1865-77 ; 5 vol. in-8°), a consacré plusieurs chapitres à la bibliographie de l'auteur de la *Divine Comédie.*

C'est aussi au même écrivain qu'on doit une bibliographie de **Pétrarque** (*Bibliografia Petrarchesca;* Bassano, 1878; in-8°, XXVIII-206 pp.), qui manquait totalement à la littérature italienne, et qui fait aussi partie du tome V du *Manuale Dantesco*, ci-dessus.

Boccace doit sa première bibliographie à F. Zambrini et A. Bacchilega (*Bibliografia Boccacesca;* Bologna, Romagnoli, 1875; in-8°, 162 pp.), insérée d'abord dans *Il Propugnatore.*

Le **Tasse** a été l'objet d'un travail semblable de la part d'Ulisso Guidi (*Annali delle edizioni e delle versioni della Gerusa-*

lemme liberata e d'altri lavori al poema relativi; Bologna, Guidi, 1868; in-8°, x-163 pp.).

Pour faire pendant à la Bibliographie de B. Gamba, consacrée aux Nouvellistes-prosateurs italiens, G.-B. Passano a donné une bibliographie des Nouvellistes-poètes (*I Novellieri italiani in verso, indicati e descritti;* Bologna, Romagnoli, 1868; in-8°, VIII-306 pp.), très bonne, mais incomplète.

Enfin, les deux plus célèbres parmi les romanciers italiens contemporains, A. **Manzoni** et Massimo **d'Azeglio**, ont été l'objet de monographies bibliographiques de la part d'Ant. Vismara (*Bibliografia Manzoniana;* Torino, Paravia, 1875; pet. in-4°, XVI-87 pp. et portrait). — *Bibliografia di Massimo d'Azeglio;* Milano, tip. Bernardoni, 1878; in-8°, 29 pp.).

6. — Pologne.

En dehors de la bibliographie des œuvres du grand poète polonais Adam **Mickiewicz**, jadis professeur au Collège de France, bibliographie dressée par son fils, M. Ladislas Mickiewicz et insérée dans l'édition de sa correspondance (Paris, 1874, t. II), il n'y a à mentionner que deux monographies relatives à Joseph-Ignace **Kraszewski**, le plus fécond des écrivains contemporains de la Pologne, dues l'une et l'autre à l'érudition bibliographique de M.Ch. Estreicher, bibliothécaire de l'Université de Cracovie.L'une a été publiée à l'occasion du quarantième anniversaire de l'entrée de l'éminent romancier dans la carrière littéraire (*Jozef-Ignacy Kraszewski;* Krakow, 1871, in-4°, 12 pp.), l'autre, pour le cinquantième anniversaire (*Jubileusz Jozefa Ignacego Kraszewskiego ;* Lwow, 1878; in-8°, 24 pp.). Il résulte de ce dernier travail que Kraszewski, dont l'activité est loin de se ralentir, a déjà publié environ deux cent cinquante ouvrages, formant près de quatre cent cinquante volumes en tout genre : poésie, théâtre, roman, critique littéraire, archéologie, etc., etc.

HISTOIRE.

Dans la section des *Voyages*, il y a à signaler deux ouvrages d'une grande importance. Le premier offre un tableau bibliographique, disposé chronologiquement, de tous les voyageurs italiens depuis 1246 à 1873, rédigé par P. Amat di San Filippo (*Bibliografia dei Viaggiatori italiani*, etc. ; Roma, tip. del Salviucci, 1874; in-8°, XXII-145 pp.); le second est consacré à la bibliographie des voyages dans les régions polaires (*Die Literatur über die Polar-Regionen der Erde,* etc. ; Wien, 1878; gr. in-8°, XVI-335 pp.).Cet excellent travail, publié sous les auspices de la Société de géographie de Vienne, et qui passe en revue

6,617 articles, est dû à la collaboration de Jos. Chavanne, du
Dr Alois Karpf et du chevalier Fr. von Le Monnier.

Dans l'*Histoire religieuse*, je n'ai à mentionner qu'un précieux
catalogue contenant la liste de 3,690 ouvrages ou brochures relatives à l'histoire de la réforme, principalement en Allemagne
(*Thesaurus libellorum historiam Reformationis illustrantium*,
etc. ; Leipzig, Weigel, 1870; in-8º, iv-262 pp., et suppl., *ibid.*,
1874 ; 1 f. et 79 pp.), dressé par Arnold Kuczynski et destiné à
servir de complément aux ouvrages bibliographiques généraux de
Panzer, Weller, Gœdeke et Heyse. — A. Erlecke a commencé
une bibliographie des écrits relatifs au dernier Concile, mais il
s'est arrêté à la partie concernant la littérature allemande (*Die
Literatur des römischen Concils* 1869... I. *Die deutsche Literatur
bis ultimo* 1870; Gohlis-Leipzig, Wolff, 1871; pet. in-8, iv-24 pp.).

L'*Histoire politique* a donné lieu à plusieurs monographies bibliographiques, toutes relatives aux grandes guerres qui ont dé-
solé le monde depuis la Révolution française. Les écrits touchant
celles de la première République et du premier Empire ont été
inventoriés dans le *Neuer Anzeiger für Bibliographie* (1868) ;
La Guerre de 1812 a fourni à P. Liprandi le sujet d'un travail développé (*Opyt kataloga vsiém otdielnym sotchiniéniame po* 1872
god ob otïetchestviennoï voïnié 1812 *goda ;* Moskva, 1876; in-8º, 2
ff., vi-116 pp.); — *la Campagne austro-prussienne de* 1866 a été
traitée au point de vue bibliographique dans une série d'articles
insérés dans le *Neuer Anzeiger für Bibliographie*, années 1867
à 1870 et 1873, où l'on trouve également une autre série d'articles sur la *Guerre franco-allemande* de 1870-1871 (années 1870
à 1874); — enfin M. Firmin Maillard a donné la bibliographie de
la littérature parisienne politico-satirique pendant le siège et la
Commune (*Les Publications de la rue pendant le siège et la Commune*, etc.; Paris, Aubry, 1874; in-18, xii-198 pp.).

En fait de monographies individuelles des personnages historiques, on ne trouve guère qu'une bibliographie des Panégy-
riques de **Jeanne d'Arc** (*Liste chronologique des orateurs qui
ont prononcé le panégyrique de Jeanne d'Arc dans la chaire chré-
tienne depuis l'an* 1460 *jusqu'à nos jours, avec la nomenclature
bibliographique des éloges qui ont été imprimés ;* Orléans, Herluison, 1869; gr. in-8º, 16 pp. et grav.), dressée par M. Herluison. (réimprimée dans le *Polybiblion*, t. III, pp. 297-299, et t.
IV, pp. 62-63); un ouvrage capital de bibliographie critique sur
Pierre le Grand, par R. Minzloff (*Pierre le Grand dans la littérature étrangère*, etc.; Saint-Pétersbourg, 1872; in-8, xv-691
pp.), et une bibliographie consacrée à Abraham **Lincoln**, l'infor-
tuné président des États-Unis (*A Memorial Lincoln Bibliography ;* Albany, 1870; in-8º).

POLYGRAPHIE.

Deux ouvrages d'une importance capitale sont à enregistrer sous cette rubrique. Le premier est une nouvelle édition de la *Bibliothèque des écrivains de la Compagnie de Jésus, ou notices bibliographiques : 1° de tous les ouvrages publiés par les membres de la Compagnie de Jésus depuis la fondation de l'Ordre jusqu'à nos jours ; 2° des apologies, des controverses religieuses, des critiques littéraires et scientifiques suscitées à leur sujet* (Liège, Louvain, Paris et Lyon, l'auteur, 1869-1876 ; 3 vol. in-fol. à 3 col., 2 ff., 2352 col. et 2 ff. ; 1 f. et 2214 col. ; 1 f., 2520 col., 1 f. et LXIII col.), par Augustin de Backer, de la Compagnie de Jésus, avec la collaboration d'Alois de Backer et de Charles Somervogel, de la même Compagnie, œuvre colossale et faite avec la plus consciencieuse exactitude.

A côté d'elle, se place le *Répertoire des sources historiques du moyen âge*, par notre savant confrère l'abbé Ulysse Chevalier, publié sous les auspices de la Société bibliographique.

Il fallait vraiment une grande somme de courage et un rare dévouement à la science, pour entreprendre un travail d'une telle étendue. Trois parties distinctes doivent le composer : la première, consacrée à la bio-bibliographie ; la seconde, aux localités et aux faits ; la troisième, aux œuvres littéraires. Chacune d'elles sera régie par l'ordre alphabétique. La première partie, en cours de publication, indiquera les sources à consulter sur tous les personnages qui ont obtenu une notoriété quelconque pendant le moyen âge chrétien, dans tous les pays du globe. Ces sources offrent par le détail l'ensemble des travaux dont un personnage a été l'objet, et, à côté des monographies spéciales et des ouvrages généraux, on y trouve cités même les articles insérés dans les journaux, revues et recueils de mémoires. Une moitié de cette première partie (lettres A-I) est déjà livrée au public (Paris, Librairie de la Soc. bibliog., 1877-78 ; 2 fasc. gr. in-8 à 2 col., 1 à 1132), et lorsque l'œuvre entière sera terminée, nous aurons, pour tout ce qui concerne l'histoire du monde chrétien pendant les quinze premiers siècles, un guide unique, contenant de centaines de mille de renseignements, et d'autant plus précieux qu'il brille par l'exactitude la plus rigoureuse, l'auteur s'étant attaché, autant que cela était possible, à voir tout par lui-même.

BIBLIOGRAPHIES RÉGIONALES OU MUNICIPALES.

Les travaux de ce genre se divisent en deux classes bien distinctes. Les uns ont pour but de faire connaître ce qui a été écrit sur un pays, une province, une région ou même une seule ville, à un point de vue restreint ou général; les autres offrent des inventaires bibliographiques des ouvrages dus à la plume des écrivains d'un pays ou d'une localité. Je vais les énumerer dans l'ordre géographique.

A. — EUROPE.

1. — France.

Boulonnais. — *Bibliographie géographique et historique du Boulonnais*. Par E. Dramard. Paris, Dumoulin, 1878. In-8°, 212 pp.

Ce n'est qu'une première partie et il est regrettable que ce bon travail n'ait pas été achevé.

Lille. — *Essai de bibliographie lilloise contemporaine (1800-1869 , augmenté d'un supplément et accompagné de notes historiques et bibliographiques.* Par Hipp. Verly. Lille, Leleu, 1869. In-8°, iv-254 pp.

Compiègne.—*Bibliographie Compiégnoise.* Compiègne, impr. Edler, 1874. In-8°, 112 pp.

Après avoir, dès 1869, esquissé un *Projet de Bibliographie Compiégnoise* (Arras, 1869; in-8°, 9 pp.), notre savant confrère M. le comte A. de Marsy, a publié la monographie ci-dessus dans le *Bulletin de la Société historique de Compiègne*, t. II, et il l'a fait tirer à part à 140 exempl. C'est un travail sérieux, composé de 525 articles, souvent accompagnés de notes fort intéressantes.

Noyon. — *Bibliographie Noyonnaise*. Par le comte de Marsy. Paris, Champion, 1877. In-8", 57 pp.

Extrait du *Bulletin du Comité archéologique de Noyon*, t. III, tiré à 100 exemplaires. Conçue sur le même plan que la précédente, elle compte 331 articles.

Alsace. — *Bibliographie alsatique • comprenant l'histoire naturelle, l'agriculture et la médecine, la biographie des hommes de science et les littératures scientifiques de l'Alsace.* Par le Dr Faudel. Colmar, impr. Decker, 1874. Gr. in-8°, 282 pp., et deux suppléments (... et 44 pp.).

Cette monographie a d'abord été insérée dans le *Bulletin de la Société d'histoire naturelle de Colmar.*

Champagne. — *Recherches bibliographiques en forme de dictionnaire sur les auteurs morts et vivants qui ont écrit sur l'ancienne province de Champagne, ou Essai d'un manuel du bibliophile Champenois.* Par Aug. Denis. Châlons s. M., impr. Martin, 1870. In-8°, vi-95 pp.

Orléanais. — *Plan d'une bibliothèque Orléanaise, ou Essai* *de bibliographie locale*. Par H. Herluison. Orléans, Herluison, 1868. In-8°, VIII-44 pp.

Étampes. — *Essai de bibliographie Étampoise, avec notes historiques, biographiques et littéraires*. Par Paul Pinson. Paris, Willem, 1875. In-8°, 59 pp. Tiré à 50 exemplaires.

Basses-Pyrénées. — *Essai d'une bibliographie du département des Basses-Pyrénées*, 1789-1800. Par Soulice. Pau, Lafon, 1874. Gr. in-8°, 115 pp.

L'auteur, bibliothécaire de la ville de Pau, y a analysé 467 documents.

2. — Angleterre, Hollande, Suisse, Italie, Russie.

Cornouailles. — *Bibliotheca Cornubiensis. A Catalogue of the writings, both manuscript and printed, of Cornishmen, from the earliest Times, and of Works relating to the County of Cornwall*, etc. By George C. Boase and W. P. Courtney. London, Longmann, 1873. Gr. in-8°, 470 pp.

Monographie d'une grande valeur, accompagnée de notes biographiques et littéraires.

Harlem. — *Catalogus van Boeken, Pamfletten... over de Geschiedenis van Haarlem*. Door Dr C. Ekama. Haarlem, Erven Loosjes, 1874-75. 3 part. gr. in-4°, 4 ff. et 136 pp. ; 2 ff. et 103 pp. ; 2 ff., 20 et 14 pp.

Cet excellent travail offre l'inventaire de tous les documents relatifs à l'histoire de la ville de Harlem depuis 1188.

Suisse (Tessin). — *Bibliografia storica Ticinese. Materiale raccolta* da Emilio Motta. Zurich, Herzog, 1878. Gr. in-8°, 160 pp.

San-Marino. — *Dizionario bibliografico e istorico della republica di San-Marino, contenente le indicazioni delle opere...* Da Carlo Padiglione. Napoli, tip. della Gazzetta di Napoli, 1872. In-4°, XVI-492 pp.

Monographie digne des plus grands éloges.

Modène (la Lunégiane). — *Saggio di una bibliografia storica della Lunigiana*, di Giov. Sforza. Modena, Vincenzi, 1874. T. 1er. In-4°, 266 pp.

Toscane (Pistoie). — *Bibliografia Pistoiese*, di Vitt. Capponi. Pistoia, tip. Rossetti, 1874. In-8°, X-354 pp.

Sicile. — *Bibliografia siciliana, ovvero gran dizionario bibliografico delle opere edite e inedite, antiche e moderne, di autori siciliani o di argomento siciliano stampate in Sicilia e fuori*. Da Gius. M. Mira. Palermo, tip. Gaudiano (1873-)1875. T. Ier. In-4₀, VIII pp., 2 ff. et 540 pp.

Il n'a paru de ce grand travail que la première moitié contenant les lettres A.-L.

La ville de **Trapani**, en Sicile, avec son territoire, a eu les honneurs d'une bibliographie spéciale, grâce à Fort. Mondello (*Bibliografia Trapanese;* Palermo, tip. di Giornale di Sicilia (1876-)1877; in-8°, 490 pp.).

Russie. — *Catalogue de la section des Russica.ou écrits sur la Russie en langues étrangères.* Saint-Pétersbourg, impr. de l'Académie imp. des sciences, 1873. 2 vol. in-8°, 2 ff., VIII-845 pp., et 2 ff., 772 pp.

Feu le comte Modeste de Korff, directeur de la bibliothèque impériale de Saint-Pétersbourg, s'est imposé la tâche de réunir, dans l'établissement dirigé par lui, tous les écrits en langues étrangères ayant trait à la Russie sous un rapport quelconque. A cette initiative originale est due une collection unique en son genre, inventoriée dans le catalogue ci-dessus, qui compte 28,461 articles.

Caucase. — *Bibliographia Caucasica et Transcaucasica. Essai d'une bibliographie systématique relative au Caucase, à la Transcaucasie,* etc., par M. Miansarov. Tome I. Saint-Pétersbourg, (1874)-1876. In-8°, 3 ff., XLII-804 pp.

Ouvrage d'une valeur exceptionnelle.

B. — ASIE.

Palestine. — *Bibliographia geographica Palæstinæ ab anno CCCXXIII usque ad annum M.* Auctore Tito Tobler. Dresdæ, Schönfeld, 1875. In-8°, 27 pp.

Petite monographie très instructive, extraite du *Neuer Anzeiger für Bibliographie.*

— Les écrits en langue russe touchant Jérusalem et la Palestine ont été inventoriés par S. Ponomarev (*Iéroussalime i Palestina v rouskoï litiératourié;* Saint-Pétersbourg, 1877; in-8°, 1 f., 20 pp., 1 f. et 128 pp.).

Perse. — *Bibliographie de la Perse.* Par Moïse Schwab. Paris, Leroux, 1876. In-8°, 152 pp.

Cette monographie a obtenu la moitié du prix Brunet à l'Académie des inscriptions et belles-lettres.

Chine. — *Notes on Chinese Literature with Introductory Remarks on the progressive advancement of the art and a list of translations from the Chinese into various European languages.* Schanghai and London, 1867. In-4°, 260 pp.

— *Manual of Chinese Bibliography, being a List of Works and Essays relating to China.* By P. G. and O. F. von Möllendorff. London, Trübner, 1877. Gr. in-8°, VIII-378 pp.

Excellent ouvrage, rédigé par deux hommes compétents, interprètes à Shangaï et à Tientsin.

D'un autre côté, la librairie Leroux annonce la publication très prochaine d'une *Bibliotheca Sinica, dictionnaire bibliographique des ouvrages relatifs à l'empire Chinois*, par M. H. Cordier.

C. — AFRIQUE.

Bibliographie des ouvrages relatifs à l'Afrique et à l'Arabie. Catalogue méthodique de tous les ouvrages français et des principaux en langues étrangères, traitant de la géographie, de l'histoire, du commerce, de lettres et des arts de l'Afrique et de l'Arabie. Par Jean Gay. San Remo, Gay, 1875. In-8°, XII-312 pp.

Cet ouvrage peut servir de complément à celui de Ternaux-Compans. On y trouve refondue une bibliographie Tunisienne, par M. le comte de Marsy, qui avait d'abord paru séparément (*Essai de bibliographie Tunisienne, ou indication des principaux ouvrages publiés en France sur la régence de Tunis*; Paris, 1869; in-8°, 2 ff. et 44 pp.).

Les publications hollandaises sur l'Afrique ont été inventoriées par P. J. Veth et C. M. Kan (*Bibliographie van Nederlandsche Boeken, Brochures... over Afrika*; Utrecht, Beijers, 1876; gr. in-8°, 2 ff., 98 pp. et 1 p.).

D. — AMÉRIQUE.

L'Amérique est la partie du monde dont on s'occupe le plus, depuis bien des années, au point de vue bibliographique. Après les excellents travaux de Warden, de Rich, de Faribault, de Ternaux, de Stevens, de Smith, de Trömel, etc., vient en première ligne la *Bibliotheca Americana vetustissima* de Henry Harrisse (New-York, Philes, 1866; gr. in-8°), contenant une description très détaillée, voire même des analyses et des extraits des livres relatifs à l'Amérique, publiés de 1492 à 1551. L'auteur y a ajouté depuis un volume entier d'additions (Paris, Tross, 1872; gr. in-8°, 2 ff., XL-199 pp. et 2 ff.). C'est un ouvrage parfait sous tous les rapports.

L'ambition de M. Joseph Sabin est plus grande encore. Sa *Bibliotheca Americana*, commencée en 1867 (New-York, Sabin; in-8°), doit offrir un catalogue alphabétique complet de tous les écrits touchant l'Amérique depuis sa découverte jusqu'à nos jours. La dernière livraison publiée (la 56ᵉ) va au mot *Leland.* Ceux qui ont eu l'occasion de se servir de cet ouvrage d'un prix inabordable, n'expriment pas une opinion très favorable à sa valeur bibliographique.

A côté de ces travaux méthodiques, il y a lieu de signaler,

certains catalogues spéciaux de libraires, tous publiés sous le même titre de *Bibliotheca americana*. Tels sont, par exemple, deux catalogues de la librairie Clarke (Cincinnati, Clarke, 1876; in-8°, x-243 et 60 pp. ; — *ibid.*, 1878 ; in-8°, 326 pp.) ; tel est surtout le catalogue raisonné d'une vente de livres sur les deux Amériques, faite par la librairie Maisonneuve, à Paris, catalogue rédigé par M.Ch. Leclerc (Paris, 1867 ; in-8°, vii-407 pp.) et qui offre 1647 articles. Mais ils sont surpassés par un nouveau catalogue des *Americana* dressé par le même M.Ch. Leclerc, et qui vient de paraître (Paris, Maisonneuve, 1878 ; in-8°, xx-737 pp.). Ce grand travail, où sont scrupuleusement décrits 2638 ouvrages relatifs à l'histoire, à la géographie, à l'archéologie et à la linguistique des deux Amériques et des îles Philippines, mérite une place à part à cause d'une richesse exceptionnelle de renseignements bibliographiques et littéraires; avec celui de M. Harrisse, ils offrent la bibliographie à peu près complète de toutes les publications les plus intéressantes sur ces contrées.

On doit en outre à M. Harrisse une monographie complémentaire, très précieuse, consacrée aux écrits relatifs au Canada et à sa cartographie (*Notes pour servir à l'histoire, à la bibliographie et à la cartographie de la Nouvelle-France et des pays adjacents,* 1545-1700; Paris, Tross, 1872; in-8°, 3 ff., xxxiii pp., 1 f., 367 pp. et 2 ff.), et Th-W. Field, libraire de New-York, a publié en même temps un catalogue raisonné de 1800 ouvrages environ se rapportant à l'histoire, à l'archéologie, à la linguistique, aux religions, aux mœurs et coutumes et à la littérature des Indiens de l'Amérique (*Field's Essay towards an Indian Bibliography,* etc.; New-York, Scribner, 1872 ; in-8°, iv-430 pp.).

V.

CATALOGUES DES BIBLIOTHÈQUES PUBLIQUES ET PARTICULIÈRES.

Les catalogues de bibliothèques publiques ou particulières constituent des contributions importantes à la bibliographie, lorsqu'ils sont rédigés avec soin. Le nombre de ceux qui ont paru dans notre période décennale est très considérable, et leur énumération nous entraînerait trop loin. Je me bornerai donc à une simple mention de celles des bibliothèques publiques en France dont les catalogues, tant pour les manuscrits que pour les imprimés, ont été soit complètement publiés, soit seulement commencés.

Parlons d'abord des imprimés. La Bibliothèque nationale, de

Paris, n'a vu augmenter son catalogue que du t. X de celui de l'Histoire de France, et d'un second volume de celui des Sciences médicales. Les villes de France qui ont vu les leurs sortir des presses, soit en totalité, soit en partie, sont :

Amiens (rédigé par J. Garnier), **Angers** (par A. Lemarchand), **Douai, La Rochelle** (par L. Delayant), **Marseille** (par J.-B. Reynier), **Montpellier** (par L. Gaudin), **Nantes** (par E. Péhant), **Nevers, Niort, Reims** (par Ch. Loriquet), **Troyes** (par E. Socard), **Versailles** (par J.-A. Le Roi), **Vienne** (par J.-T. Leblanc).

Une mention spéciale est due au t. Ier du *Catalogue des incunables de la bibliothèque de Toulouse,* par le Dr Desbarreaux-Bernard (Toulouse, Privat, 1878 ; in-8°, avec pl.), catalogue qui constitue une œuvre de bibliographie d'une haute valeur, en raison des notices dont les articles y sont accompagnés.

Je ne puis me dispenser de mentionner le *Catalogue méthodique de la Bibliothèque de l'Ecole nationale des Beaux-Arts,* par Ernest Vinet (Paris, 1878 ; in-8°), et celui de la bibliothèque de l'Académie des Beaux-Arts de Vienne, rédigé par le D^r Ch. von Lützow *(Katalog der Bibliothek der k. k. Akademie der bildenden Künste;* Wien, Gerold, 1876 ; in-8°), qui pourront en quelque sorte tenir lieu d'une Bibliographie des beaux-arts, tant que celle de feu M. Vinet n'aura pas été achevée.

Passant aux manuscrits, je dois signaler d'abord deux volumes du catalogue des manuscrits français de la Bibliothèque nationale, ainsi que celui des manuscrits syriaques et sabéens conservés dans le même dépôt. L'éminent directeur général de cet établissement, M. Léopold Delisle, membre de l'Institut, a commencé en outre un *Inventaire général et méthodique des manuscrits français de la Bibliothèque nationale,* qui rend des services inappréciables, et dont les deux volumes publiés embrassent la Théologie, la Jurisprudence, les Sciences et les Arts.

Pour les manuscrits conservés dans les bibliothèques départementales ou municipales, nous avons d'abord le t. IV du *Catalogue général des manuscrits des bibliothèques publiques des départements,* publié par le gouvernement et comprenant les manuscrits des bibliothèques **d'Arras, d'Avranches,** et de **Boulogne,** et ensuite des publications séparées pour ceux des bibliothèques suivantes : **Chaumont** (par J. Carnandet), **Poitiers** (par P. de Fleury), **Rouen** (par E. Frère), **Salins** (par B. Prost), **Tours** (par A. Dorange), et **Vitry-le-François** (par G. Hérelle).

En ce qui concerne les catalogues des bibliothèques privées, je ne signalerai que celui de la bibliothèque de Salvá, rédigé par D. Pedro Salvá y Mallen (*Catalogo de la bibliotheca de*

Salvá ; Valencia, 1872 ; 2 vol. gr. in-8º), avec un grand luxe de notes littéraires et bibliographiques, et à cause de cela on ne peut plus précieux pour l'ancienne littérature espagnole ; et ceux de F.-J. Fétis (Bruxelles, Muquardt, 1877 ; in-8º) et de Ch.-E.-H. de Coussemaker (Bruxelles, Ollivier, 1877 ; in-8º), très importants pour la littérature musicale.

VI.

HISTOIRE DE L'IMPRIMERIE.

La bibliographie est étroitement liée avec l'histoire de l'imprimerie, de sorte qu'on ne saurait passer sous silence les travaux consacrés à cette spécialité, dont plusieurs même sont d'une valeur exceptionnelle. Obligé de me restreindre, je ne puis que les signaler rapidement.

Je placerai en tête les *Lettres d'un Bibliographe,* par M.J.-P.-A. Madden, dont il a déjà paru cinq séries (Paris, 1868-78; 5 vol. in-8º et atlas), et qui offrent une suite de savantes dissertations touchant de nombreux points obscurs de l'histoire de la typographie dans tous les pays.

Il a été publié un certain nombre de monographies sur l'imprimerie dans les provinces et villes de France ; en voici l'indication : **Arras** (par L. Cavrois), **Bordeaux** (par E. Gaullieur), **Bourg-en-Bresse** (par A. Vayssière), **Bretagne** (par Dom Fr. Plaine), **Dijon** et **Côte-d'Or** (par Cl. Janin), **Orléans** (par H. Herluison), **Périgord** (par N. Fourgeaud-Dagrèze), **Toulouse** (par le Dʳ Desbarreaux-Bernard), **Touraine** (par le comte L. Clément de Ris), **Vivarais** (par H. Vaschalde).

La Belgique s'est enrichie d'un bon travail sur l'imprimerie plantinienne à **Anvers** (par L. de George) ; des deux derniers volumes du grand ouvrage de Ferd. Vanderhaegen sur la typographie à **Gand** (*Bibliographie Gantoise;* t. VI et VII); et d'un mémoire sur celle d'**Ypres** (par A. Diegerick).

A l'actif de la Hollande il faut inscrire un très remarquable ouvrage de F.-A.-G. Campbell sur les productions des presses néerlandaises au xvᵉ siècle (*Annales de la typographie néerlandaise,* etc. ; La Haye, M. Nijhoff, 1874 ; gr. in-8º).

Pour l'Allemagne, le Dʳ L. Götze a consacré un premier mémoire à l'histoire de l'imprimerie à Magdebourg au xvᵉ siècle. (*Aeltere Geschichte der Buchdruckerkunst in Magdeburg;* Magdeburg, Baensch, 1872 ; gr. in-8º), et, à l'occasion du centième anniversaire de la naissance du fondateur de la célèbre librairie Brockhaus, à Leipzig, cette maison a publié un magnifique volume contenant ses Annales (*Verzeichniss*, etc., Leipzig), Brockhaus, 1872-75; gr. in-8°, xi, lxxii-1048 pp.), disposées selon l'ordre chronologique, et qui constituent de précieux matériaux pour la bibliographie et l'histoire littéraire.

W. Blades a consacré au premier imprimeur de l'Angleterre une belle monographie (*Biography and Typography of William Caxton*; London, Trübner, 1877; in-8°).

L'Italie s'est montrée très soucieuse pour ce genre de travaux. Tout d'abord le savant bibliographe G. Ottino a dressé la liste de tout ce qui a été publié sur l'imprimerie dans la péninsule (*Biblioteca tipografica italiana*; Firenze, 1871; in-8°). C'est à lui aussi qu'on doit deux opuscules, l'un sur l'imprimerie à **Ancône** (*La Stampa in Ancona*; Milano, 1878; in-24°), l'autre sur celle de la ville de **Florence** (*Di Bernardo Cennini e dell' arte della stampa in Firenze*, etc.; Firenze, 1871; gr. in-8°).— L'histoire de l'imprimerie dans le **Piémont** jusqu'en 1835 a été esquissée par A. Brofferio (*Cenni storici intorno all' arte tipografica e suoi progressi in Piemonte*, etc.; Milano, 1876; gr. in-8°); — Gius. Clerico a dressé les annales des imprimeries de **Trino** aux xv° et xvi° siècles (*Catalogo delle edizioni dei tipografi di Trino*; Torino, 1870; in-8°); — G.-B.-C. Giuliari s'est consacré avec grand succès à l'étude de l'histoire de l'imprimerie à **Vérone** (*Della Tipografia Veronese*; Verona, 1871; in-8°. — *Della Letteratura Veronese al cadere del secolo XV, et delle sue opere a stampa*; Verona, 1876; gr. in-8°).

Enfin, je signalerai plus particulièrement la *Storia tipografico-letteraria del secolo XVI in Sicilia*, par le savant conservateur de la bibliothèque de Palerme, Fil. Evola (Palermo, tip. Lao, 1878; in-8°, vi-356 pp. et 8 pl.), qui contient un catalogue raisonné des livres imprimés dans les deux Siciles au xvi° siècle, dont les bibliographes auront à tirer grand profit.

En terminant ce long rapport, que j'ai cherché à rendre aussi complet que possible, je demande humblement pardon à ceux de mes confrères en bibliographie dont j'ai pu omettre les travaux, ou bien au sujet desquels je n'ai pas parlé avec assez de développement. Il m'a été impossible de tout examiner, vu la difficulté qu'on éprouve à se procurer certaines publications tirées à un très petit nombre d'exemplaires, et d'ailleurs j'ai dû songer aux limites qui m'ont été tracées. Je promets néanmoins de faire mieux à notre prochain Congrès.

TABLE ALPHABÉTIQUE

DES AUTEURS ET DES OUVRAGES ANONYMES

INDEX ANALYTIQUE

TABLE DES DIVISIONS

BRUXELLES. — A. VROMANT, IMP.-ÉDIT., 3, RUE DE LA CHAPELLE.

La Société Bibliographique, sous les auspices de laquelle
le Congrès s'est réuni, se compose de membres titulaires et
d'associés correspondants, dont le nombre est illimité. On fait
partie de la Société après avoir été admis par le Conseil, sur la
présentation de deux membres titulaires ou associés.

Chaque Sociétaire paye une cotisation annuelle de 10 francs.

Tout Sociétaire peut se libérer de la cotisation annuelle en
faisant un versement de 100 francs.

Le titre de membre titulaire est acquis à tout Sociétaire qui,
en outre, fait à la Société un apport de 100 francs au moins.

Les demandes d'admission doivent être adressées au secrétaire de la Société.

Le recueil des travaux du Congrès Bibliographique Inter-
national tenu à Paris du 1er au 4 juillet 1878, forme un fort
volume in-8° du prix de 10 francs.